Alix Gaussel

La vie de grandes actrices et de grands acteurs ...

...en un éclair et à rebours

Collection En un éclair et à rebours

Du même auteur :

- Le malheur des dames, roman, Éd. Calmann-Lévy (1ère éd.), 1980
2ème édition Format Kindle, 2013
- Les chats de Beaupré, roman, Éd. Calmann-Lévy (1ère édition), 1993
2ème édition Format Kindle, 2013,
- Sex after sixty, roman, Éditions Bénévent (1ère édition), 2009
2ème édition Format Kindle, 2012
- Sex after sixty, A Novel translated from the French, Format Kindle, 2014,
Autoédition EPA, 2014
- La vie de grands écrivains français… en un éclair et à rebours,
Format Kindle, 2012, Autoédition EPA, 2015
- La vie de grands écrivains anglais… en un éclair et à rebours,
Format Kindle, 2013, Autoédition EPA, 2015
- La vie de grands écrivains américains… en un éclair et à rebours,
Format Kindle, 2014, Autoédition EPA, 2015
- La vie de grands peintres... en un éclair et à rebours
Format Kindle, 2015, Autoédition EPA, 2015
- Monsieur Serpentin, roman, Format Kindle, 2013, Autoédition EPA, 2014
- Le Saint Amour, roman, Format Kindle, 2013, Autoédition EPA, 2014
- Cuisine en solo, Format Kindle, 2013
- Les vies du Diable, Format Kindle, 2014, Autoédition EPA, 2014
- "Dans le vieux parc solitaire et glacé...": Promenades romantiques au parc Monceau,
un album illustré par l'auteure, Format Kindle, 2015, Autoédition EPA, 2015
- Les secrets de la blogosphère, Format Kindle, 2015, Autoédition EPA, 2015
- Un homme à la mer ! Récit mémorial, Autoédition EPA, 2016

Pour la jeunesse
Les Zipper-cracs à travers les planètes, Éditions Gamma, 1976
Les Zipper-cracs dans la fourmilière, Éditions Gamma, 1976

Internet
Le Journal d'une centenaire

Table des matières

Avant-propos

Les grandes actrices et les grands acteurs, comme les grands écrivains ou les grands peintres, ont un impact sur nos vies et notre monde. Ils nous entraînent à voir et à vivre le monde à leur manière. Le septième art est récent mais pourtant on ne conçoit pas un monde sans lui avec ses actrices et ces acteurs à renommée universelle. Rien ne sera plus pareil après leur présence sur nos écrans de cinéma ou de télévision. Ils semblent devenus immortels tant ils ont la faculté de revivre à tout âge grâce à la magie des enregistrements.

À la différence des écrivains ou des peintres, les actrices sont aussi nombreuses que les acteurs. La difficulté a été plutôt l'embarras du choix…

En effet, huit hommes, huit femmes, c'est la parité que j'applique toujours à cette collection « En un éclair et à rebours ». A rebours, comment ? L'idée, c'est que l'artiste, à la fin de sa vie, se penche sur son passé et considère sa trajectoire en commençant par les évènements les plus récents et en remontant jusqu'à l'enfance. C'est une manière originale et significative de concevoir ces seize résumés biographiques.

Raimu

1883 – 1946

À soixante-trois ans, Raimu est parvenu au sommet de sa carrière. Il est entré à la Comédie française, ce dont il n'avait jamais rêvé, lui qui avait commencé comme comique troupier. Quand il se retourne sur sa vie, en un éclair et à rebours, c'est avec un sentiment de satisfaction.

Il a dit « adieu » au Boulevard avec une certaine nostalgie. Mais c'était pour jouer « Le Bourgeois gentilhomme ». On l'attendait dans ce rôle où il aurait pu mettre toute sa revanche d'homme du peuple. Au contraire, on l'a trouvé doux, presque timide. Il a mis aussi tout son cœur à jouer « Le malade imaginaire ». Il a humanisé ces rôles, les a joués avec tout son respect du texte. Pas question, ici, de broder sur les dialogues, comme il l'a fait toute sa vie. Cela a représenté, pour lui, un gros effort de mémoire. Mais ce n'était pas en vain.

Sa présence au théâtre français lui prend tout son temps. Elle ne lui permet pas de jouer au cinéma une pièce qu'il adore depuis longtemps, « Le voyage de Monsieur Perrichon » de Labiche. C'est pourquoi il a songé à démissionner du Français.

Le cinéma, c'est la moitié de sa vie, c'est ce qui reste sur la pellicule, malgré les années. « Les Inconnus dans la maison », d'après Simenon, ont été un immense succès en salles. Mais ce qu'il a préféré, c'est tourner avec Pagnol. Là, il était chez lui, il était le roi. Même quand il a tourné avec Fernandel comme pour « La Fille du puisatier ». C'était une idée de Pagnol, de réunir les deux grands acteurs de cinéma, et ça a marché.

À leur âge, les acteurs ne jouent plus, ils sont. Mais la guerre a arrêté le film. Il a été repris peu après, en y ajoutant des scènes du conflit, tout proche. Et la sortie a été un triomphe pour les deux rivaux.

Auparavant, « La femme du boulanger » de Pagnol, avec Ginette Leclerc, avait aussi été un grand moment de cinéma. Raimu était un peu amoureux de Ginette, comme il l'a été de Josette Day, qui n'aimait que Pagnol. Des amours de théâtre. Il est trop vieux pour elles. D'ailleurs, il vient de se marier avec Esther, cela lui faisait plaisir. Ils vivaient ensemble depuis longtemps. Ils ont pris des vacances à Bandol, dans la belle maison qu'il vient d'acheter. Mais à Bandol, Raimu s'ennuie à mourir. Il n'aime que travailler.

Du travail, depuis des années, il n'en manque jamais.

C'est lui que l'on vient chercher, depuis sa trentaine. Mais il a fallu batailler. En 1930, le projet de tourner « Marius », la pièce de Pagnol, était déjà dans les cartons de la Paramount, avec Victor Francen dans le rôle de César et Gaby Morlay dans celui de Fanny. Alors Raimu est entré dans une de ses colères historiques. Lui qui faisait déjà un triomphe à la pièce au théâtre, il aurait passé son tour au cinéma ! Tout s'est arrangé quand Richebé a « prêté » Raimu pour le film. Les autres acteurs de l'équipe ont été engagés aussi dans la semaine.

Mais, avec la Paramount, c'est l'organisation américaine, quasi militaire. Ca n'arrange pas Raimu qui travaille à l'inspiration. Il aime jouer à la bonne franquette avec ses amis. Souvent, il se retient de faire un esclandre quand on le rabroue comme un enfant. Le film est sorti en même temps à Paris qu'à Marseille. C'était un raz de marée. Tous les records d'affluence étaient battus. On se passait les copies de ville en ville, puis de village en village. Le cinéma parlant a fait un grand bond en avant. Les spectateurs étaient amenés en cars. La popularité de Raimu a aussi fait un bond. On l'arrête dans la rue, on l'applaudit au cinéma et au restaurant. La bande-son de la « partie de cartes » est passée dans tous les bistrots. Elle est vendue par milliers. Cette partie de carte que Pagnol avait supprimée de son manuscrit, pensant qu'elle ralentissait l'action, et que Raimu avait exhumée parce qu'elle le faisait rire.

Les deux autres films qu'il a tournés ressortent eux aussi, « Le Blanc et le Noir » et « Mam'zelle Nitouche ». Ils ajoutent à sa célébrité. Jamais un acteur n'a vu une telle popularité. « C'est le plus grand acteur du monde » dira Orson Welles.

La première lecture de « Fanny », deuxième opus de la

trilogie, a eu lieu le 20 octobre 1931. Le rôle de Marius y est très court, trop court, pense-t-on, pour le donner encore à Pierre Fresnay. La lecture se passe bien mais Raimu déclenche beaucoup de jalousies. Ce film-ci aggrave la situation. Raimu a la grosse tête, un peu tournée par son succès. Il fait l'important. Il ne supporte plus la scène et s'arrange pour que son contrat au théâtre soit résilié, ouf ! Le voilà libre pour le film. Il apprécie aussi la discographie. Un éditeur de disques fait enregistrer les dialogues de Raimu dans d'autres films, et il touche des royalties, sans ne s'être donné aucun mal...

Mais à nouveau Raimu apprend que Pagnol va tourner « Fanny » avec d'autres acteurs que « Marius ». Il se fâche pour de bon et parvient à récupérer son rôle et ceux de toute l'équipe. Pierre Fresnay lui-même se présente pour ses quelques répliques de Marius. Voilà Raimu devenu « le pape » de toute la communauté méridionale. Il ne lui resterait plus qu'à déguster son succès et à en recevoir les honneurs. Mais c'est mal connaître le grand acteur. Il veut travailler, travailler. Il tourne, il tourne, sans être à l'abri de l'échec. Comme le prouve le désastre de Tartarin de Tarascon.

La pièce de Guitry, « Faisons un rêve » devient elle aussi un beau succès de cinéma. Raimu joue le mari de 'héroïne, encore un cocu, c'est un rôle qui le fait rire, lui qui s'est installé avec Esther dans la rue Washington, en plein quartier des Champs Élysées, le centre du cinéma. Après « Marius » et « Fanny » voici « César », où il retrouve tous ses amis.

Jusqu'à présent il a réussi à combiner ensemble Théâtre et cinéma, ce n'était pas le cas autrefois. C'est au théâtre qu'il a rencontré Marcel Pagnol. Celui-ci était déjà un auteur très connu à Paris, pour « Jazz » et « Topaze ». Pagnol est venu lui-même apporter à Raimu la brochure de sa comédie «

Marius », qui se passait à Marseille. Il a prévu pour lui le rôle de Panisse mais Raimu veut jouer César. Il sera chez lui, dans son bistrot, c'est un rôle beaucoup plus complet que le simple Panisse. Il n'en démord pas jusqu'à ce que Pagnol cède. Mais il faut trouver un autre Panisse. Ce sera Charpin, un comédien qui vient d'Aix en Provence. Il a l'accent et séduit Raimu. Pour Fanny, Pagnol impose Orane Demazis qui est tout à fait le personnage. Et pour Marius, Volterra, le producteur, a pensé à Pierre Fresnay. Raimu pique une nouvelle colère. Fresnay est alsacien et protestant. Mais il va vite conquérir Raimu. Celui-ci est aux anges quand on lui propose de faire la mise en scène.

Raimu et Pagnol se découvrent, ils déjeunent ensemble tous les jours. Raimu découvre aussi le moteur de la pièce, cet amour père-fils qui est un sentiment de grande humanité. Les répétitions commencent. Raimu doit diriger trois acteurs classiques, ce dont il n'a guère l'habitude. Mais chacun sait ce qu'il lui doit et tout avance très vite. Raimu indique à chacun le sens de son rôle et la place qu'il occupe.

1929, la générale de « Marius » est un triomphe. La même année voit les débuts chaotiques du cinéma parlant. Raimu est engagé par le producteur Richebé pour trois films. Ceux-ci seront du théâtre filmé, Richebé n'envisage pas autre chose. Raimu propose d'abord une pièce de Sacha Guitry, le Blanc et le Noir, dans laquelle il joue le rôle principal. Le tournage commence mais une altercation entre Raimu et le metteur en scène Floray, tous deux connus pour leur irascibilité, vient retarder le projet. Floray démissionne et il est remplacé par Marc Allégret. Ce dernier est un anti-Raimu. L'un est discret, l'autre exubérant. Allégret a l'idée de filmer une des colères de Raimu, celui-ci est stupéfait. Il prend le parti d'en rire. Il ne se laissera plus aller à la colère. Pour la première fois, il rencontre Fernandel, qui dispose d'un petit rôle. Mais leur rivalité est déjà là.

Avant d'avoir rencontré Pagnol, Raimu a galéré pendant vingt années, de petits rôles en utilités. Il court le cachet. Il a obtenu des rôles importants dans des pièces médiocres, et des rôles secondaires dans les grandes mises en scène à succès. Il n'a pu acheter sa première voiture neuve, un cabriolet décapotable, qu'à l'âge de 36 ans. Il travaille alors pour le Théâtre des Variétés et accède enfin à l'aisance. Avant cela, il a joué au Théâtre Sarah Bernhard, au Palais Royal, au Casino de Paris, au Concert Mayol. En 1918, il joue un premier rôle dans une pièce qui sera son talisman, « L'École des cocottes ». Il s'y est exercé à la mise en scène et à la direction d'acteurs. Il y joue un riche commerçant qui aime sincèrement sa maîtresse mais la laisse partir avec un autre. C'est un grand succès. On vient du Vaudeville pour voir Raimu. Cocteau, Misia Sert, Paul Morand se déplacent de Paris. Hélas, les représentations sont arrêtées par la Grosse Bertha qui canonne Paris. Personne ne sort plus le soir. « L'École des cocottes » reprendra plus tard, cette fois avec Spinelli, ce qui met le bonheur de Raimu à son comble. On ne verra pas Raimu dans Shakespeare ni dans Tchékhov. Son accent le lui interdit, ainsi que sa personnalité. Ni Dullin ni Copeau n'ont fait appel à lui. Il en garde une amertume profonde.

Bien que les femmes tiennent une grande place dans sa vie, elles n'ont pas la première. Il a rencontré Andrée Spinelli en 1912. C'est une petite actrice spirituelle qui a conquis le public de la Cigale. Elle a des petits pieds, tout petits, dont Raimu est amoureux, pour la première fois de sa vie. Il a 29 ans. Andrée, qu'il appelle « Spi », est une parigote qui fait le bonheur des échotiers. Ils ne se quittent plus.

L'amitié, par contre, il l'a cultivée à de nombreuses

reprises. D'abord avec Maurice Chevalier, qu'il rencontre à la scène en 1913. Ils sont voisins, ils vont ensemble faire de grandes randonnées à vélo. Parfois ils se fâchent. Raimu a toujours le caractère difficile. Ses éclats, grâce à sa voix de bronze, prennent un volume particulier. Il en joue.

La guerre de 1914, il n'a pas eu le temps de la faire. Réformé pour cause de traumatisme psychologique – il a reçu un obus sur la tête - il s'est rapidement consolé. Son amitié avec Mayol y a gagné, quand il était à Marseille. C'est Mayol qui lui conseille de monter à Paris mais Raimu hésite. Il redoute les Parisiens. À Marseille, il est connu, à Paris, il faudrait tout recommencer.

Cette ville de Marseille, il l'a conquise à 17 ans bien qu'à Marseille, on n'aime guère les Toulonnais. Il était alors un beau garçon, très athlétique. Il disposait déjà de cette voix de basse, très sombre. La ville se veut la capitale du music-hall. Pas moins de quarante établissements rivalisent entre eux.

Une lettre de son frère Valentin lui apprend que son père est couvert de dettes et compte sur lui pour survivre. Il s'oblige à revenir à Toulon pour s'occuper de ses parents. A nouveau, il court le cachet. Cette vie précaire est la sienne depuis longtemps mais il ne s'y habitue pas. Plusieurs fois, il est obligé de décrocher de la scène. Il se fait marchand de sel, ou même souffleur. Mais il ne s'est jamais découragé. Sa spécialité, comique troupier, l'a souvent fait vivre dans les moments creux de son existence.

Il se souvient qu'il n'a jamais aimé l'école. Apprendre à lire ne l'intéressait pas. Il entrait en fureur lorsqu'on insistait. Dans la cour de récréation, il restait bouder dans son coin. Ses colères étaient déjà fameuses. Aux cours de français, il préférait la musique et son grand plaisir était de se déguiser en mousquetaire ou en bandit. Il s'appelait alors Jules

Muraire. Il prendra le nom de Raimu pour jouer la comédie.

Raimu est mort d'une crise cardiaque à l'âge de 63 ans. La biographie de Raymond Castans retrace minutieusement toutes les étapes de sa vie.

Charlie Chaplin

1889 – 1977

C'est Noël ; à 88 ans, Chaplin se sent fatigué. Les enfants vont arriver pour faire la fête mais lui ne s'en sent pas le courage. Sa vie lui échappe, il veut la revoir, en un éclair et à rebours.

Il n'y a pas si longtemps, une vingtaine d'années quand même, il a emménagé en Suisse avec Oona et les enfants, au Manoir de Ban. La propriété est immense, il s'est cru au paradis. Il y est encore. De là, il a mitonné son dernier film, « La Comtesse de Hong Kong ». Oona respecte son travail et le fait respecter par les enfants. C'est pour lui la femme idéale, celle qu'il a toujours cherchée, sans jamais s'en satisfaire. Tout ce bonheur, depuis des années...

Les problèmes n'ont pas manqué, pourtant, tout au long de sa vie. Le pire a été cette chasse aux sorcières qui l'a finalement contraint à quitter les USA sans espoir de retour. Depuis la sortie du « Dictateur », il est poursuivi par les ligues anti-communistes et les autorités américaines. Pourtant, avec « Les Temps modernes », qui ont révolutionné le cinéma en 1936, son personnage de « Charlot » est devenu une icône américaine. « Les lumières de la ville » aussi ont fait un triomphe.

Mais sur le plan de la vie privée, il cumulait les catastrophes. Ses deux premiers mariages ont été des désastres. Sa deuxième femme, Lita, lui fait un procès pour obtenir plus d'argent. Elle multiplie les scènes, c'est sordide. Il doit lui faire un pont d'or pour la tenir tranquille.

'La Ruée vers l'or », en 1925 a également été un succès monstres qui a fait beaucoup de jaloux. L'Amérique est conquise. Lita Grey était une jolie fille, malheureusement, elle était mineure, ce qui a obligé Chaplin à l'épouser. Mais il a été content d'être papa.

En 1918, il a souhaité épouser Mildred Harris, encore une jolie fille qu'il a mise enceinte. Ils se sont installés ensemble à Los Angeles. C'est l'époque où il s'engage pour l'avenir avec Mary Pickford et Douglas Fairbanks en créant « Les Artistes associés », leur société de production. Mildred accouche alors d'un petit garçon, Charles est fier d'être papa pour la première fois. Mais l'enfant n'a vécu que quelques jours, la déception a été atroce. Pour y échapper, Chaplin se lance dans un nouveau film, « The Kid », tandis qu'avec Mildred son mariage se défait. Les époux se séparent, l'incompréhension est mutuelle. La vie privée de Chaplin s'étale dans les journaux. Mildred veut de l'argent. Pour « The kid » aussi la situation n'est pas brillante. On lui réclame les bobines alors que le film n'est pas terminé. Il finit le montage et fait projeter le film. Immédiatement, c'est le succès.

Il en profite pour faire venir sa mère auprès de lui. C'est une femme fragile, elle a longuement séjourné dans des hôpitaux psychiatriques. Comment faire autrement quand on a un mari alcoolique et bagarreur qui a fini par l'abandonner avec ses enfants, quand Charlie avait trois ans. Hannah a toujours trouvé du travail dans la couture mais le métier est ingrat, il paie mal. Elle en a gardé un fond dépressif qui tourne de temps en temps à la psychose.

Avant Mildred, il y a eu Edna Purviance qui a assisté à l'irrésistible ascension de « Charlot », le personnage que Chaplin a inventé pour passer tout seul dans les courts métrages au cinéma. Avec Edna, c'était une histoire d'amour, mais Chaplin n'a pas voulu s'engager, elle a mal tourné. Edna était jalouse de toutes les femmes qui dansaient autour de lui. Pour se venger, elle sort avec un autre acteur de la Paramount. L'histoire d'amour a tourné court, elle aussi. Qu'importe, le succès fabuleux de Charlot emporte tout.

Le frère de Chaplin, Sydney, cesse de courir la mer et les planches pour se mettre au service de son frère et gérer sa carrière. L'Amérique lance des bons de Liberté pour participer à l'effort de guerre en Europe. Chaplin doit prononcer un discours. Il est angoissé. Le jour venu, il rate son entrée, il trébuche et tombe de l'estrade. Le public lui fait une ovation. « Charlot » est avec nous ! La foule est radieuse. Chaplin est au zénith de sa carrière.

Pour y parvenir, il n'a pas épargné son énergie. En 1913 – il a 14 ans – le voilà enfin engagé au cinéma muet pour un petit rôle. Mack Sennett l'illustre producteur, lui a donné rendez-vous à New-York mais Charles n'ose pas se présenter.

Enfin, il surmonte sa peur et, même, il propose de nouveaux gags pour enrichir le scénario. Mais le film ne répond pas à son attente.

Chaplin erre aux studios dans l'espoir d'un nouveau rôle. Un jour Mack Sennett lui demande tout à trac de se maquiller pour tourner une scène. Il décide d'inventer un nouveau costume. Il emprunte un pantalon beaucoup trop grand pour lui. Une petite veste cintrée, une canne, un chapeau. Mack Sennett s'esclaffe. Quand le personnage chute aux pieds d'une fille, le public est conquis. Tout le monde rit aux éclats. « Charlot » est né.

Le film est projeté le 9 février 1914 et le succès public est au rendez-vous. C'est l'époque où Chaplin est amoureux de Mabel, puis de Peggy. Il est amoureux de l'amour. Le film est projeté partout, on ressort le film précédent qui trouve son public. Le frère Sydney arrive en Californie avec sa famille. Chaplin lui demande comment sont accueillies ses œuvres en Angleterre. Il se réjouit des bonnes nouvelles. En quelques mois sa notoriété a fait le tour du monde.

À l'âge de douze ans, il a perdu son père, qui meurt des suites de son alcoolisme. Il ne veut plus retourner à l'école, il veut travailler. Il trouve un emploi dans une librairie, puis un travail de souffleur de verre, enfin, un petit boulot d'imprimeur. Hannah, sa mère, fait une rechute, elle doit aller à l'hôpital et Charles se retrouve à nouveau abandonné. Il erre dans la rue à la recherche de nourriture. Son frère Sydney revient de ses voyages en mer en rapportant quelque argent. Charles décide de s'inscrire à l'Agence théâtrale Blackmore pour devenir comédien. Quelques jours plus tard, il est convoqué, on lui trouve plusieurs rôles. Il part en tournée en Grande Bretagne. Sydney est engagé aussi. Peu à peu, ils s'extirpent de la pauvreté. Hannah sort de l'asile. Charles

poursuit ses prouesses au théâtre dans le rôle de Billy, de «
Sherlock Holmes ». Il tombe amoureux d'une actrice, Mary
Doro, mais celle-ci ne fait pas attention à lui.

En 1905, la pièce est présentée à la famille royale.
L'année suivante, Charles est engagé pour jouer à l'Olympia
de Liverpool. Sydney n'obtient pas le même succès, il décide
de repartir en mer. Un beau jour de 1907, Charles a obtenu de
reprendre au Music-Hall certains de ses dialogues de théâtre.
Il répète avec l'orchestre mais les textes sont antisémites et il
est sifflé. Une leçon qu'il n'oubliera pas.

Pas découragé, cependant, il trouve un rôle de jeune
premier et se met à écrire des scénarios. Au Coliseum de
Londres, il fait rire toute la salle. Sa vocation s'affirme. C'est
le début de son lancement. Le producteur lui fait signer un
contrat de 3 livres pour la première année, 4 livres pour
l'année suivante. Il prend un appartement avec Sydney sur
Brixton Road. Une nouvelle vie s'offre à lui.

Cette nouvelle vie, il l'attend depuis qu'il est tout petit. A
trois ans, il a été abandonné par son père. Quand il a eu 7 ans,
celui-ci a voulu le reprendre avec lui mais sans Sydney. Les
deux frères refusent d'être séparés et le juge les appuie en ce
sens. Un rayon de lumière quand Hannah vient le voir à
l'école. Mais l'épisode ne dure pas. L'Assistance publique
confie les deux garçons à leur père mais ce dernier vit avec
une femme, Louise, et le fils de celle-ci. Les enfants ne sont
pas les bienvenus dans cette famille déjà constituée. Hannah
les reprend avec elle à sa sortie de l'hôpital.

À l'école, Charles s'est taillé un premier succès avec un
numéro de clown. Il a découvert son pouvoir comique. Il est
repéré par M. Jackson qui dirige une troupe de danseurs de
claquettes. Mais Charles souffre d'asthme et il est à nouveau
renvoyé à sa mère. Sa mère qui, elle aussi, a travaillé au

music-hall autrefois, quand elle était jeune, avant que sa voix ne se brise

Le meilleur souvenir d'enfance de Charles, c'est quand Hannah l'a emmené au théâtre pour la première fois. Il avait cinq ans... Quand la voix d'Hannah s'est tarie, le directeur du théâtre est venu chercher le petit garçon qui était si drôle. On lui lance des sous. Sa première parution sur scène est un succès.

Charlie Chaplin est mort de fatigue, dans son beau manoir suisse. Il avait 88 ans. La « biographie intime » de Pierre Pernez démonte subtilement les rouages de la psychologie du jeune garçon. (City Éditions, 2012).

Arletty

1898 – 1992

Chez Arletty, le téléphone ne sonne plus que rarement. Désormais aveugle, la grande actrice s'enferme aussi dans le mutisme. C'est alors qu'elle se retourne sur sa vie, en un éclair et à rebours.

Il y a dix ans qu'elle a vendu son dernier lingot d'or. Elle n'a plus d'argent. En sortant de la Comédie française, soudain, elle a perdu la vue. Elle était borgne depuis dix ans et personne ne s'en était aperçu. Jean-Pierre Dubost, son ami de toujours, est accouru à l'hôpital. Le beau Soehring l'a quittée sur son propre conseil, pour se marier et fonder une famille.

Elle avait 57 ans en 1955 lorsqu'elle est partie en tournée pour la dernière fois, avec une pièce de Colette, « Gigi ». Elle jouait la tante de Gilberte. Au théâtre, elle joue aussi des pièces de Marcel Achard, devenu Académicien.

Quelques années plus tôt, Soehring a fait une dernière tentative pour s'installer dans une vie commune avec elle. Débarqué en secret à Paris, à la veille des fêtes de Pâques, il emménage incognito. S'il est découvert, il risque gros. Mais sa visite n'est plus aussi magique qu'autrefois, pour Arletty. Seule l'amitié demeure.

Pour ses cinquante ans, celle-ci a fait une fête dans la cour du Plazza, où elle habite désormais. Sa chambre d'hôtel lui coûte cher. Elle joue au théâtre « Un tramway nommé Désir », une pièce de Tennessee William traduite par Cocteau. Un bon succès. Elle tourne de petits rôles au cinéma et fait de nombreux voyages à l'étranger, pour ses sorties de films. Elle consent aussi à tourner des films publicitaires, pour ses fins de mois difficiles.

Elle a été engagée par Sartre pour jouer dans sa pièce « Huis clos ». Un rôle important, Inès, une employée lesbienne confinée en enfer pour l'éternité. Elle est pressentie aussi pour jouer les pièces de Genêt qu'elle admire beaucoup. Avec ses dernières économies, elle a acheté une maison de pêcheur à Belle-Île, dans laquelle elle fait beaucoup de travaux.

À Noël 1946, elle a pris le temps d'aller en Bavière voir son bel allemand. Il habite une petite maison près de Munich. Longuement, ils se promènent dans les bois glacés. La neige étouffe leurs pas. Ils dînent devant la cheminée. Ce sont leurs derniers moments d'amour. Soehring renouvelle sa demande en mariage mais, plus encore que précédemment, elle ne veut pas lier son sort à un Allemand dont l'autorisation du territoire n'est pas levée. La guerre se prolonge dans les papiers.

Pendant toute la guerre, elle a travaillé sans se demander quel serait son sort à la Libération. Elle s'affichait avec son Allemand. Sa liaison avec Soehring était de notoriété publique. Le verdict a été sévère. Pourtant elle n'a jamais fait de politique. Celle-ci ne l'intéresse pas. Quand on lui demandait des comptes sur sa liaison avec un Allemand, elle répondait régulièrement « Mon cœur est en France mais mon cul est international ». Elle ne répondait pas aux nombreuses menaces de mort qu'elle recevait au téléphone ou par la poste. Elle n'est pas non plus antisémite, son ancien amant juif plaide pour elle. Elle garde avec lui une amitié affectueuse. Soehring l'attendant en Bavière, elle ne pouvait pas le rejoindre, c'est le grand amour de sa vie et aussi sa tristesse.

Elle aurait dû s'en douter, ses relations n'ont pas supporté sa liaison avec l'ennemi et elle n'était plus invitée dans le monde. Le 20 octobre 1944, deux messieurs discrets sont venus la chercher pour l'emmener à Drancy, la fameuse prison de transit. Elle y a retrouvé son nom, Léonie Bathiat. Marie Bell est membre du Comité d'épuration, avec Madeleine Renaud. Elle a d'abord fait un passage au dépôt de la Conciergerie. Un cachot sans fenêtre, le croupissement, la moisissure. Puis un mois et demi de détention. On l'a sortie pour achever le tournage du film « Les Enfants du Paradis » puis elle replonge jusqu'à ce qu'on lui notifie son assignation à résidence. La voilà tenue de demeurer à moins de 50 kilomètres de Paris, pour une période de 18 mois. Elle accepte tout, avec cette morgue qui la caractérise. Elle affiche un moral d'acier, jusqu'à la sortie du film, qui est un succès. Entretemps on a enterré Giraudoux. Dans « Les enfants du paradis » elle joue le rôle féminin principal, la dame Garance, qui plaît à tous les hommes. Sa robe est rouge comme la fleur qui porte son nom. Tous les hommes veulent la posséder.

Baptiste, le clown triste, l'aime éperdument. C'est Jean Louis Barrault qui joue le rôle. Mais le tournage a été stoppé par la nouvelle du débarquement allié en Sicile. Les Allemands bloquent la production. Soehring vient à son secours.

C'était tout à fait au début de la guerre qu'Arletty a rencontré le fringant officier allemand. Pour elle, c'était seulement un bel indifférent. Elle a 43 ans et elle est libre. Jean-Pierre Dubost n'est plus que son meilleur ami. Elle l'aime bien mais il ne remplit pas sa vie. Au premier regard avec Soehring, elle a pris un coup dans l'estomac. C'est le coup de foudre. Désir, passion. Il a dix ans de moins qu'elle, il est mince, les yeux clairs, le masque volontaire ; elle est subjuguée. Il déborde d'assurance et d'aisance. Il a des oreilles pointues, elle lui donne un surnom, « Faune ». Le coup de foudre c'est peu dire, elle assiste à une prise de possession. Elle tourne alors Madame Sans-Gêne à Joinville. Il facilite le tournage. Le film est un succès. Aux louanges succèdent les contrats. C'est ainsi que commence leur idylle qui va bientôt se changer en amour.

Soehring aime les femmes, qui le lui rendent bien. Il s'exprime dans un français impeccable. La passion du couple s'écoule dans le bel appartement qu'Arletty loue à une américaine, près de l'Institut. Au quai Conti, Soehring est chez lui. Il joue du piano. La guerre leur devient indifférente, une simple toile de fond. Arletty reçoit Sacha Guitry, Odette Joyeux, Simone Signoret encore débutante, le poète Paul Valery. Elle rencontre Céline, dont le « Voyage au bout de la nuit » l'a marquée. Entre deux tournages, le couple s'enfuit à Megève. Arletty apprend à monter à cheval pour les besoins des « Visiteurs du Soir ». Elle s'affiche avec son amant, n'a pas peur de la provocation. Soehring sert l'Allemagne hitlérienne et dispose de la carte du parti Nazi. Arletty échappe aux menaces de mort mais pas au charivari lorsqu'elle joue au théâtre. Huées, sifflets, spectateurs qui se lèvent dès qu'elle apparaît en scène.

La vie mondaine a repris, malgré la guerre, et Arletty n'est pas la seule à en profiter. Depuis « Hôtel du Nord », qui a été son film déclenchant, elle ne cesse de jouer. Avec Guitry dans « Faisons un rêve », avec Michel Simon, dans Fric-frac, ce sont des triomphes. Elle voit aussi Bernstein qui écrit des pièces drôles pour le Boulevard. Dans la foulée, elle tourne « Le Jour se lève » avec Gabin. Les hommes sont partis au front ? Qu'importe, l'attraction d'Arletty pour les femmes est puissante. Elle en joue et y succombe parfois.

En 1932, c'est le contrecoup du krach financier. La crise s'installe en France, dure et tenace. À Paris sort le nouveau livre de Céline. Arletty est touchée. C'est sa jeunesse qu'elle revoit, lorsque l'auteur raconte le travail à la chaîne. Comme Nietzsche, elle perd la foi à 20 ans en lisant « Zarathoustra ». Mais elle garde son optimisme, contrairement à Céline.

Ses années d'enfance ont été heureuses. Son compagnon, Jean-Pierre Dubost, se montre un vrai chevalier servant, doublé d'une âme-sœur. Elle adopte le parfum « Vol de nuit » d'après le roman de Saint Exupéry. Sa jeunesse a été prolifique, se dit-elle en pensant à tous les petits rôles qu'elle a joués pendant sa formation. Elle habitait alors Courbevoie avec ses parents. Depuis qu'elle a dix ans, on l'appelle « Nini ».

Enfant sage, elle va voir sa grand-mère à Charbonnières les Vieilles. Elle y fait sa première communion. Années de bonheur. Elle est bonne élève, naturellement. Elle aime lire et parcourt les journaux qu'elle trouve dans le train. Elle adore les chroniques sportives, le vélo, l'auto, les avions. Elle aime aussi le Music-hall.

En 1910 Lénine est venu à Paris. C'est alors qu'elle fabriquait les obus à la chaîne. Il lui a rendu l'espoir avec ses conférences sur les luttes ouvrières. La presse prolétarienne s'organisait. La répression des grèves se faisait dans le sang. Arletty en est restée marquée pour la vie.

Arletty est morte à l'âge de 94 ans. Elle est l'héroïne de la grande biographie Flammarion, de Denis Demonpion (1996).

Humphrey Bogart

1899 – 1957

A 58 ans, Bogart se sent déjà au bout du chemin. Il a perdu l'appétit. Son cancer de l'œsophage a été retiré mais au lieu de se remettre, il s'affaiblit. Et le voilà soudain qui se retourne vers sa vie, en un éclair et à rebours.

Avec « Ouragan sur le Caine », il a renoué avec le succès. Son interprétation du Capitaine Queeg l'a hissé au rang de meilleur acteur du monde. C'était une aventure d'après le roman à succès éponyme d'Herman Wouk. Il savait bien qu'en se donnant à ce rôle de psychopathe, il égalerait, au moins, sa prestation dans African Queen, et ça a marché. Mais déjà il commence à avoir de drôles de maux d'estomac qu'il attribue à sa consommation d'alcool. Il est de plus en plus gêné par ses horribles quintes de toux.

Déjà aussi dix années, qu'il a rencontré Lauren Bacall. Elle était grande, très mince, le visage long, beaucoup de classe. Elle le regardait par en dessous à cause du trac, c'est pourquoi on l'appelait « the look ». A 18 ans, elle ne ménageait pas sa peine. Elle n'avait que huit ans lorsque son père s'est séparé de sa mère, et elle ne le voyait plus que par intermittence. Sa mère l'a placée dans une bonne pension, à une heure de train de New York. Elle venait la visiter chaque semaine. Elle lui parlait de théâtre, de musique. Lauren, qui s'appelait encore Betty, est revenue ensuite au lycée à New York, elle s'est fait de nouvelles amies. Elle rêvait de faire du cinéma et du théâtre. Les samedis matins, elle suivait les cours à la New York School of Theatre. Elle s'essayait à l'improvisation et incarnait des personnages de tous âges.

Elle prenait aussi des cours de danse mais ses doigts de pied trop longs n'entraient pas dans les chaussons de la danse classique. Elle a dû y renoncer et s'est tournée définitivement vers la comédie.

Depuis toujours, elle a peur des garçons de son âge. Son éducation juive l'entraînait à la réserve. A 15 ans, elle a rencontré Bette Davis qui la confirmait dans sa vocation d'artiste. Elle a pu entrer, encouragée par sa mère, à la prestigieuse Académie d'Art dramatique, à coté de Carnegie Hall. L'année suivante, comme toute la classe, elle est tombée amoureuse de Kirk Douglas. Il était beau, grand, blond, c'était un homme... mais bien des filles tournaient autour de lui. Et cette année-là, elle ne parvient pas à obtenir une bourse pour continuer ses études. Elle trouve un travail de mannequin mais elle est obligée de le quitter lorsque son employeur découvre qu'elle est juive. C'est pourquoi elle doit se contenter d'un travail d'ouvreuse de théâtre, tout en continuant à rechercher des petits rôles.

En août 1942, elle est engagée dans une pièce, Franklin Street. Hélas, le spectacle ne remplit pas ses promesses. Heureusement, ses photos plaisent à David Selznick qui recherche une jeune fille pour un film nommé « Le port de l'angoisse ». C'est enfin un rôle pour elle. Le tournage doit commencer en 1944. Le metteur en scène, Howard Hawks, la rebaptise. Tout cela, elle le raconte à Bogart, entre deux prises de vues. Ils ont 25 ans de différence, mais cela ne la gêne pas. Elle est amoureuse. Il est gentil avec elle, lui apprend le métier. Mais il est marié avec Mayo Methot, un mariage qu'il trouve désastreux. Il faut patienter.

Bogart boit depuis qu'il est un jeune homme et qu'il lui faut prouver sa virilité. Deux autres mariages déjà, tout aussi calamiteux. Mayo, comme ses deux autres ex-femmes, aime boire. Ce n'est pas le cas de Lauren mais elle a beaucoup d'indulgence pour les buveurs.

Depuis « Casablanca, », Bogart est la nouvelle coqueluche de l'Amérique. En smoking blanc ou en trench coat, il s'est installé dans la balançoire du premier rôle de la Warner. A 45 ans, sa vie extra-conjugale fait l'objet de beaucoup de rumeurs. Lui-même est épuisé. Après la journée de travail, c'est la tournée des bars et des boites de nuit. Et des nuits sans sommeil. Il rêve d'une femme qui lui ferait mettre un peu d'ordre dans sa vie. Au cours du tournage du « Port de l'angoisse », Bogie et Lauren deviennent de plus en plus proches. Peu à peu, l'intimité » s'installe entre eux. Il lui téléphone la nuit à trois heures du matin, elle ne se fâche pas. Il parle de l'échec de ses mariages, elle écoute. L'après-midi, ils se rejoignent à 18 heures, chacun dans sa voiture. Là, les mains enlacées, les yeux dans les yeux, ils parlent de leur amour, ils se disent tout ce qu'ils ne peuvent pas exprimer en public. Puis ils se séparent jusqu'au lendemain. Tous les prétextes sont bons pour se retrouver mais chacun rentre chez soi. Un jour, sur le bateau d'un ami, Mayo les surprend en montant à bord. Bogie cache Lauren dans les toilettes. Elle en a un souvenir douloureux.

À la sortie du film, le succès est immédiat, immense. Lauren, du jour au lendemain, devient une star. Son nom est sur toutes les lèvres. Elle se remet à tourner avec Bogart, leur couple est un couple de cinéma. Bogie lui a demandé de patienter encore. Mayo a décidé d'arrêter de boire, il ne peut pas l'abandonner sur cette voie. Lauren s'en remet à Bogie. Mais Mayo ne parvient pas à venir à bout de l'alcool. Les disputes et les coups reviennent dans le couple marié. La Warner veut à tout prix éviter un scandale. Des romans circulent déjà au sujet du mariage de Bogie. En réalité, celui-ci doute de pouvoir rendre Lauren heureuse. Cela n'empêche pas celle-ci de le présenter à sa famille. Enfin, Mayo accepte le divorce, prononcé en sa faveur avec une compensation financière importante.

Bog et Lauren cherchent une maison et la trouvent à Hollywood Hills. Le jour de leur mariage, Bogie arbore un de ses costumes de flanelle grise, avec un simple œillet blanc à la boutonnière. Mais déjà Lauren apprend à lutter elle aussi contre l'alcool qui fait partie de la vie de Bogie. Mais elle est enchantée d'être la nouvelle Madame Bogart.

Bientôt d'ailleurs, elle est enceinte. Bogie est furieux qu'un enfant vienne les séparer, puis il s'habitue à être papa. Avec Bacall, il a eu deux enfants, un garçon, Stephen, et une fille, Elsie.

En 1951, ils s'apprêtent à partir pur tourner African Queen, avec Catherine Hepburn. Lauren est du voyage, comme accompagnatrice. Ils découvrent Paris, avec une meute de photographes à leurs basques. Puis, après un passage à Rome pour voir le pape Pie XII, ils s'envolent vers le Congo belge. Les Bogart et Hepburn ont chacun leur hutte de bambous. Le confort est sommaire. Bientôt, toute la troupe est atteinte de dysenterie, sauf Bogart qui se lave les dents au whisky.

L'année suivante, African Queen est sélectionné pour les Oscars. Bogart remporte celui de meilleur acteur. Avec Lauren, ils achètent une somptueuse maison coloniale à Beverly Hill. Lauren est enceinte de son deuxième enfant, ils auront de la place pour s'ébattre. Bogart ne voit plus la vie qu'avec Lauren et les enfants.

Pourtant, sa propre carrière a été faite de hauts et de bas. Dès le film « La grande Évasion (1941), il a pu montrer ses qualités d'acteur. Mais c'est encore avec un rôle de criminel. Cependant il est parvenu à lui conférer une épaisseur psychologique. Auparavant on ne le montrait sur les affiches que révolver au poing. Ses prestations sont devenues importantes dans les films policiers où il excelle. Le rôle pivot qu'il a obtenu dans « La légion noire » est une autre étape. Bogart y joue un ouvrier politiquement stable. Son honnêteté s'écroule lors d'une avanie personnelle. Le film est très médiatisé. Il s'agit d'un progrès remarquable depuis « La forêt pétrifiée »

Mais ses tentatives pour atteindre des rôles sentimentaux sont autant d'échecs. Avec « Le Faucon maltais », il accède enfin à un premier rôle et une tête d'affiche. C'est le succès. Le sourire de Bogart est devenu celui de l'Amérique.

« Casablanca » est une autre occasion de montrer de la douleur et du sentiment. Il n'est plus un gangster banal. La collaboration d'Ingrid Bergman est un atout précieux. Le film est magnifiquement photographié et éclairé. Il fait une tournée à l'étranger pour le lancer internationalement. Cette tournée lui a permis de connaître l'Afrique et l'Italie.

Quand il repense à ses débuts, il ne peut pas ne pas se souvenir qu'ils ont été longs et difficiles. En 1922, il s'est retrouvé à 23 ans dans un de ses rôles trop minces pour les donner à un acteur professionnel. La pièce suivante a eu plus de chance. Elle a tenu l'affiche 30 semaines. Il ne se souvient plus des titres, seulement qu'elle a été le début de son ascension, pendant cinq années à Broadway où on le trouve aussi séduisant que Rudolph Valentino. De cette époque date aussi la longue liaison de Bogart avec l'alcool. Et le premier de ses mariages de complaisances, quand les femmes mettaient la main sur lui. Trois mariages en quelques années, aussi piteux les uns que les autres, même s'il est resté en bons termes avec ses ex.

Cette période de Broadway a vu aussi ses débuts au cinéma, dans des courts métrages. Il travaille avec John Ford et Spencer Tracy. Il noue une véritable amitié avec ce dernier. C'est lui-même qui lui donne ce nom de « Bogie » qui lui plaît tant. Un nom qui lui restera jusqu'à la fin. Mais ce début de carrière ne se traduit pas par une liberté financière, qui lui manquera encore quelques années. Ceci d'autant plus que son père meurt en lui laissant 10.000 dollars de dette, qu'il a dû éponger peu à peu, en pleine dépression.

A 35 ans, sa carrière était en panne, il se croyait un homme fini. Un ami le repêche en lui donnant le rôle dans « La Forêt pétrifiée ». Il y montre un homme au bout du rouleau, ce qu'il est vraiment. La pièce s'installe à New-York pour un long bail et il perçoit un salaire de 650 dollars par semaine. Ce qui n'est pas encore le Pérou mais lui sort la tête de son whisky.

A 18 ans, il a été renvoyé de la Philips Academy du Massachussetts. L'École ne veut plus de lui, et vice-versa. Pour en finir, il s'engage dans la Navy, sur le « Léviathan », puis sur le « Santa Olivia » avant d'être renvoyé vers la vie active quand la guerre s'essouffle. Il passe alors un an comme garçon de courses, dans la firme de son père, puis il est embauché pour accompagner les scènes finales d'un film qu'il aimait bien « Life ». Il a obtenu ainsi un petit rôle, puis un autre dans la pièce suivante. Degré par degré, il est sorti de la misère.

Dès l'enfance, il ne montrait aucun intérêt pour les études. La vie l'en a puni, mais de là sort son goût pour le spectacle.

Humphrey Bogart meurt à 59 ans, au faîte de sa gloire, mais dans la douleur. L'album de Jonathan Coe retrace sa carrière accidentée (Ed. Plume 1992). Le livre de Jean-Marc Loubier, un « amour sans nuages » (Acropole 2001) raconte son couple avec Lauren Bacall.

Marlène Dietrich

1901 – 1992

Après s'être cassé le col du fémur, Marlène n'a plus voulu sortir de son lit. Pendant vingt-cinq ans elle a gardé la chambre. Mais un jour, devant la fenêtre, elle a vu défiler sa vie, en un éclair et à rebours.

Avant ces dernières années, elle trouvait encore de petits rôles. Même à 73 ans, elle continue à se produire, aux USA et en Australie. Mais au cours d'une chute dans une fosse d'orchestre, elle se blesse à la jambe et, l'été suivant, elle retombe encore dans son appartement de Paris. Ce qui ne l'empêche pas de remonter sur scène, à Londres. Mais cette fois, c'est la fin de son merveilleux parcours.

Amours brèves, amours toujours, elle en a connu beaucoup, et elle ne regrette rien. En ce moment, elle est engagée dans une liaison avec un homme moins âgé qu'elle de trente ans. Burt est un musicien accompli.

Elle ne pensait pas, alors, qu'elle serait encore en train de tourner avec son réalisateur détesté, Fritz Lang. Elle voulait seulement acheter une maison pour Maria, sa fille unique et bien-aimée. Alors qu'elle-même n'a jamais été propriétaire de son appartement. Selon elle, c'est la jalousie de Lang eu égard aux trop beaux films de Sternberg, qui rend celui-ci venimeux.

Quoiqu'il en soit, la vieille nostalgie autour d'une Marlène de 50 ans fonctionne toujours. Le chic de ses robes moulantes et de sa voie uniforme, la rend encore plus sexy. Et désormais, elle gagne autant d'argent avec ses chansons qu'avec ses films. En 1959, à 58 ans, elle fait une tournée à Paris, puis Saint Moritz, Moscou, Gstaad pour finir à Rio de Janeiro.

Pas mal d'années plus tôt, retour à Hollywood. Le mythe de Lili Marlène resurgit avec un film sur une Allemande compromise avec le nazisme. On la voit partout, avec sa robe sculptée et pailletée, c'est sa tenue de combat, quand elle va vers les troupes pour leur remonter le moral. Et ça marche !

Mais Maria va se marier et l'année d'après elle est enceinte de son premier enfant, Stephen. Marlène est en couverture de Life avec ce doux slogan : « La grand-mère la plus glamour du monde ». Mais la mère et la fille ne s'entendent plus et le bébé est pris en otage entre les deux femmes. En même temps, la grand-mère tourne avec Hitchcock, et c'est du tout jeune Michaël Wedding qu'elle fait son amant, avant d'obtenir la nationalité américaine.

Elle revient d'Angleterre après avoir tourné avec Douglas Fairbanks qui est son amant lui aussi. Puis la liaison suivante avec Éric Maria Remarque, l'auteur de « À L'Ouest rien de nouveau. » durera trois ans. Un nouveau film, un western dans lequel elle joue une entraîneuse de saloon va relancer sa carrière. Mais bientôt la voilà mise sur la liste noire des indésirables, et elle se retrouve au chômage. Elle rebondit toujours et, comme une américaine, s'en prend à elle-même. Elle était vénéneuse, elle devient généreuse. Et même noble et pathétique. Elle retrouve Gabin qu'elle avait connu au Cap d'Antibes et c'est la flambée. Ils s'installent ensemble et se mettent à parler français entre eux.

Bientôt, hélas, c'est Pearl Harbour et la déclaration de guerre à l'Allemagne. Comme on change de peau, elle se met à chanter à nouveau pour les soldats qui l'acclament. Elle retrouve Gabin en Afrique du Nord, mais, entretemps, elle a eu celui de tourner un film utilitaire où ses jambes montent en doré tout en haut de l'affiche. C'est seulement alors qu'elle adopte la chanson « Lili Marlène ».

Encore quelques années en arrière. 1934, les années de guerre sont proches. Sternberg, son metteur en scène préféré, qui est devenu son amant, élabore le projet de « L'impératrice Rouge ». Le tournage commence avec Marie, qui a sept ans. La musique de Tchaïkovski est une belle explosion sonore et visuelle. Mais Sternberg se conduit en tyran sur le plateau. La première est lancée à Londres, devant un public hostile.

Marlène se rend en Europe pour obtenir un visa de sorte pour son mari. Sur le bateau de retour, elle rencontre Hemingway, avec lequel elle noue une amitié puissante. Le tournage du film suivant, « La Femme et le pantin », révèle le rapport masochiste que subit Marlène de la part de Sternberg, dont ce sera le dernier film avec elle. Provoquée par le coup d'État de Franco, la censure espagnole demande la destruction du film, qui sera non pas détruit mais retiré par Hollywood. Pour sauver Dietrich, Lubitsch imagine de lui faire tourner « Desire », un charmant film où elle joue avec Gary Cooper. Le film sort en avril 1936 avec un joli succès. Puis, Marlène est engagée par Selznick pour tourner en technicolor, à nouveau avec Sternberg. Mais celui-ci a perdu la vue. C'est alors que Marlène commence à entreprendre les démarches pour obtenir la nationalité américaine.

1932. Première de « Shanghai Express » et début du tournage de « Blonde Vénus » où Marlène de nouveau incarne une prostituée. Elle a une brève liaison avec Maurice Chevalier.

À la Paramount, elle triomphe avec un gag mis au point par Sternberg. Un horrible gorille est tiré sur scène par de jeunes danseuses costumées en Africaines. Et quand il dévoile le cirage de ses mains, c'et Marlène, radieuse, qui « émerge en chantant de l'atroce dépouille.

L'échec de « Blonde Vénus » conduit Stenberg à se retirer en faveur d'un autre cinéaste d'origine roumaine, qui s'est illustré en compagnie de Chevalier.

1933. Hitler a pris le pouvoir. Marlène se rend en France avec Maria et sa nurse qui risque d'être arrêtée. C'est le début des violences antisémites. Après son séjour en Allemagne, elle revient avec sa fille, bravant Hollywood qui n'approuve pas que ses actrices soient aussi des mères. C'est avec « Shanghai Express que l'actrice Marlène exprime toute sa beauté singulière, avec son visage pâle et amaigri, son regard grandi par les sourcils redessinés, et par un jeu très stylisé. La splendeur visuelle des films de Sternberg fait parfois effacer la précision percutante de ses dialogues.

Elle débarque à New-York après une traversée houleuse. À Los Angeles, elle se présente en frac pour la première fois : papillon blanc et chapeau haut de forme, telle qu'elle s'était montrée à Sternberg dans un bal à Berlin. Son premier film Hollywoodien, « Moroco », est tourné en juillet et août 1930 et la première a lieu à New York avant que soit achevé le film suivant. Elle fait une tournée en Europe pour renforcer l'effet du film et son image personnelle. Eisenstein, le réalisateur russe rencontré sur le plateau de l'Ange Bleu est en admiration devant les films de Sternberg. Parallèlement, Garbo, la rivale de Dietrich, tourne Mata-Hari

Le film suivant, « Agent X 27 », portera vers les cimes le succès de Marlène. Dans la dernière image du film, lorsque l'actrice se mire dans l'épée de l'exécuteur pour arranger sa voilette, c'est un triomphe. Avant cela, le tremblement des lèvres de Marlène écoutant sa sentence de mort est déjà la preuve de l'immense talent de l'actrice. Tous sentent qu'ils sont en face d'une grande interprète.

1924, les années de jeunesse. Marlène s'est mariée avec Rudi et ce mariage durera jusqu'en 1976, l'année de la mort de l'époux. Bientôt elle donne naissance à la petite Maria sa fille unique. Ne s'interrompant que quelques mois autour de la naissance, elle joue dans plusieurs pièces modernes, Somerset Maugham, et Bernard Shaw, ainsi que des classiques. Rudi prend pour baby-sitter Tamara une danseuse qui devient la mère de substitution de Maria. C'est l'année 1924 où elle rencontre le phénomène Sternberg, qui va la porter aux nues. Il est le réalisateur de « l'Ange Bleu », son film mascotte. L'action se déroule dans un cabaret appelé l'Ange Bleu, mais tous ont vite fait l'amalgame entre le lieu et l'actrice.

Anciennement battu par son père, Sternberg a été un

enfant pauvre et délaissé, puis un autodidacte apprécié dans les métiers du cinéma. À l'époque où le couple se forme, il a trente ans et il est le metteur en scène débutant apprécié pour sa passion, le cinéma. Sa foi et ses qualités morales sont irréprochables.

Il est en cours de divorce d'avec sa femme. L'héroïne du film, l'Ange Bleu, est la vraie héroïne du cabaret. Le spectacle est tiré d'un roman publié en 1905, dans lequel un professeur de lycée épouse la danseuse. Le texte est chargé de puissantes résonances sur l'Allemagne d'alors. C'est le premier film parlant allemand. Mais il a pour principale qualité de révéler l'actrice Marlène Dietrich dans sa beauté scandaleuse. Les cuisses nues, le chapeau de forme de travers, elle pose, en chantant « Je suis la fraîche Lola » mais son regard lointain dément toute fraîcheur.

L'Ange Bleu est accueilli triomphalement par le public. La Paramount fait signer à Marlène un contrat pour deux films avec Sternberg. Mais celle-ci redoute de devoir quitter Berlin et surtout sa petite Marie.

Avant tout cela, elle avait un premier rôle dans un film appelé « La boite de Pandore » Encore un rôle antiféministe. Elle tourne aussi « Le petit Napoléon », une fantaisie autour de Jérôme Bonaparte, dans laquelle elle joue une femme de chambre. Elle s'y trouve « l'air d'une pomme de terre avec des cheveux » mais son passage est remarqué et on lui donne un rôle de paysanne dans « L'homme au bord du chemin » inspiré d'un conte de Tolstoï. Sa beauté peu classique et ses grands yeux parlent pour elle, malgré des traits invariablement inertes. C'est l'époque où elle tombe follement amoureuse de Rudy Sieber, assistant de production, grand, beau et blond... et gentil... et doux ! Elle ne supporte plus les grandes querelles. Elle a soif de paix.

En pleine guerre 1914-1918, elle est tombée malade d'une affection cardiaque. On lui prescrivait des bains sulfurés. Mais c'est plutôt une dépression dont elle souffrait, quand elle apprend que sa main ne pourra plus tenir son violon, en raison de la raideur d'un petit tendon.

Pour lui faire changer d'air, sa mère décide de l'envoyer à Weimar. Marlène continue à jouer du violon en privé et c'est son professeur qui lui fait perdre sa virginité. Elle n'y trouve aucun plaisir. Elle lit beaucoup, étudie Kant, découvre Rilke avec émerveillement. Elle souffre d'un sentiment de solitude et la poésie allemande vient à son aide.

À Weimar, elle a fait des rencontres brillantes, entre autres celle d'Alma Mahler qui se montre frappée par ses beaux yeux. Devant l'impossibilité pour elle de poursuivre le violon, elle décide de devenir actrice.

Elle était entrée au lycée en flirtant beaucoup avec les garçons. Ceux-ci se montraient flattés que cette actrice les prenne enfin au sérieux. Elle a manipulé son prénom, Marlène, et en a tiré sa version définitive. Elle sera Marlène Dietrich, un nom qui commence bien et finit comme un coup de cravache, a dit Cocteau. Marlène a perdu son père à l'âge de huit ans, ceci explique bien des choses de son passé.

Marlène Dietrich est morte à l'âge de 92 ans. Sa biographie par Jean Pavans (Folio) est une mine d'informations mais n'explique pas les mystères de cette grande actrice allemande, puis américaine.

Fernandel

1903 – 1971

Souffrant d'un cancer du poumon, Fernandel se sent près de la mort. Il est fatigué, tellement fatigué...Et soudain, il revoit toute sa vie, en un éclair et à rebours.

Il y a trois ans, il a été atteint de coliques néphrétiques qui l'ont fait beaucoup souffrir. Il n'a pas le moindre cheveu gris et quand il se déclare fatigué, tout le monde rigole. Même malade, il fait encore rire.

Il 'y a pas si longtemps, en 1951, c'était l'année de Don Camillo. Fernandel jouait ce curé musclé mais sympathique, face au communiste Peppone. Le tournage a eu lieu en Italie, près de Parme. Aussitôt le succès est tel que l'on imagine une suite, qui donnera cinq longs métrages. Fernandel reçoit la Légion d'honneur, dont il est très fier.

Bientôt, c'est le tournage de « La vache et le prisonnier ». Le film se passe en 1943, dans la France occupée. Après cette sortie, Fernandel fête ses trente ans de cinéma, sur le plateau de Joinville. Dans une brève allocution, il rappelle qu'il n'a jamais cessé de tourner. Il en est fier, à juste titre, même si on le dit avare, près de ses sous.

Son fils aîné, Franck, veut faire du cinéma. Fernandel rêvait pour lui d'une carrière de pharmacien mais le voilà contraint d'obtempérer. Il tourne avec lui un film sympathique, qui permet à Franck de démarrer dans la chanson.

Avec Bourvil, Fernandel tourne « La cuisine au beurre ». Les deux grands humoristes, face à face, font un succès. Puis il tourne avec Jean Gabin « l'âge ingrat » Les journalistes guettent tous les mouvements d'humeur de ces monstres de cinéma. Fernandel est confronté ensuite à Danielle Darrieux, pour une comédie policière « l'homme à la Buick ».

Pendant la guerre, devant les plateaux déserts, Fernandel est passé à la réalisation. Il met en scène « Simplet », à Cassis, en zone libre. Avec une grande pudeur et beaucoup de sensibilité, il touche le public. Mais pour son film suivant, « Adrien », il n'a pas autant de chance. Son scénario trop compliqué déroute ses fidèles. Déçu, Fernandel se retire dans sa propriété jusqu'à la fin de la guerre. Il n'en sort qu'après la Libération, pour retrouver Raimu dans « Les gueux au paradis ».

Sa grande aventure avait été le voyage à New York. Émerveillé, Fernandel rejouait son enfance. L'année suivante, c'est Sacha Guitry qui le sollicite. On ne refuse pas de jouer avec Guitry. La pièce, « Tu m'as sauvé la vie » est truffée de mots d'auteur. Aussitôt, c'est le succès. On redécouvre Fernandel, le comédien inspiré, à l'art consommé. On célèbre sa drôlerie et ses mimiques, ses regards de travers et sa silhouette. L'année suivante, il retrouve Pagnol pour une nouvelle adaptation de « Topaze » Puis c'est « l'Auberge rouge », de Claude Autant-Lara. Le film est tiré d'une histoire vraie, celle de deux aubergistes qui tuaient leurs hôtes pour les dévaliser.

Pagnol, Fernandel n'a jamais cessé de le côtoyer. Dix ans plus tôt, il jouait « Regain », une comédie dramatique tirée d'un livre de Giono. Le film est un échec commercial, mais dans « Le Schpountz » il corrige le tir et cette fois, c'est un succès. De film en film, Fernandel confirme ses exploits au cinéma. Pour autant, il n'abandonne pas le théâtre et joue « Barnabé » avec Paulette Dubost. Aussitôt après, le cinéma se rappelle à lui. Il joue avec Arletty le drame de Fric-Frac, d'après une pièce d'Édouard Bourdet. Il y rivalise avec Michel Simon mais les deux acteurs, au caractère difficile, se fâchent bientôt. Ils ne tourneront plus jamais ensemble.

À l'aube de la guerre, Fernandel a réussi à gagner la faveur du public dans des rôles très variés. Il est devenu le plus populaire des acteurs français. Mais il suscite aussi la jalousie. On le dit irascible et déjà avare, sans doute parce qu'il ne cesse jamais de tourner.

Quand il est mobilisé, en 1939, il se retrouve au Palais des Fleurs, un ancien music-hall de Marseille. Grâce à sa notoriété, il échappe au front et bénéficie d'un régime de faveur. Cela lui permet de tourner avec Pagnol « la fille du puisatier », une histoire touchante où Fernandel montre toute son humanité. Dès 1934, Pagnol proposait à Fernandel un rôle intéressant dans « Angèle », dont le tournage a lieu en

Provence. Il s'agit de l'adaptation d'un roman de Giono, « Un de Baumugnes » Le rôle principal devait être joué » par Michel Simon, mais celui-ci, qui a triomphé dans « Boudu sauvé des eaux » réclame un cachet exorbitant. Pagnol le lui refuse et se tourne alors vers Fernandel qui est moins gourmand. Voilà celui-ci en face d'Orane Demazis. Fernandel joue le valet de ferme qui sauve la jeune fille en allant la chercher à Marseille avec son enfant. Ce premier rôle dramatique va influer sur toute sa carrière. Lui-même prend alors conscience de ses possibilités d'acteur. « Angèle » est un triomphe, en grande partie dû à Fernandel. Ses succès sont tels qu'il peut acheter la Villa des Roses, dans la banlieue de Marseille. Cet achat fait de lui le plus heureux des hommes. Il s'y installe avec Henriette et sa famille et le voilà bientôt papa d'un petit garçon qui contribue à sa fierté. Il tourne avec sa fille Josette, pour Christian Jacques, un beau conte qui émeut le public. Mais il refuse que Josette tourne d'autres films. Lui-même se taille un beau succès dans « François 1er », un vaudeville militaire. Puis avec Raimu, il confirme son talent dans « Ignace » et « Les rois du sport ».

Plus loin encore, l'année 1930, il perd son père, revoit sa mère mais décide de s'installer à Paris où Henriette, sa femme, met au monde la petite Janine, leur deuxième fille. La famille s'installe rue Doudeauville, dans un meublé et Fernandel se fait engager dans une revue nue. Dans la salle se trouve Marc Allégret qui propose à Fernandel de faire du cinéma. Il l'emmène avec lui chez Sacha Guitry. Celui-ci a un projet de film avec Raimu, intitulé « Le Blanc et le Noir ».C'est le début d'un compagnonnage à succès.

La même année, il est à l'affiche de deux courts métrages de Marc Allégret. Pour la première fois, il se voit au cinéma, avec toutes ses dents et il s'affole. « C'est moi, ce gars-là ? » Il comprend alors pourquoi les gens rient quand il entre en scène. « Heureusement, je n'étais pas laid à faire peur, mais laid à faire rire » se dit-il. Et c'est ce qui le sauve. Mais pour lui, c'est une révélation.

Quand on fait appel à lui pour un film de cinéma, il rencontre Gabin dans lequel il voit un rival. Gabin lui-même est plus amusé que méfiant et il partage le goût de Fernandel pour les chevaux. Il se nomme lui-même « Albinos » et appelle Fernandel « Uranie ». Les deux hommes se retrouvent un peu plus tard dans « Cœur de lilas », un film d'Anatole Litvak. Gabin en est le principal interprète tandis que Fernandel apparaît en garçon d'honneur. Puis Fernandel joue « On purge bébé » de Jean Renoir, une adaptation de la pièce de Feydeau. Désormais, les films s'enchaînent. Fernandel obtient son premier grand rôle dans « Le rosier de Madame Husson » d'après une nouvelle de Maupassant. Il joue aussi « Les gaietés de l'escadron » de Courteline, un film colorisé. L'année suivante il tourne « Le coq du régiment », un vaudeville militaire qui est enregistré dans une caserne, puis c'est un drame, « L'ordonnance » d'après Maupassant également. Il y tient la vedette en amoureux d'une soubrette, avec Paulette Dubost. Puis il joue avec Mistinguett dans la nouvelle Revue des Folies Bergères.

C'est en 1925 qu'il épouse Henriette qu'il aime depuis longtemps, et à laquelle il sera fidèle toute sa vie. Quand il est appelé sous les drapeaux, il devient soldat d'un régiment disciplinaire. Mais quelques jours plus tard il s'intègre au spectacle de comiques troupiers à l'Odéon de Marseille. Il apprend qu'il va bientôt être père et obtient de l'armée de se rapprocher de sa femme. Des permissions exceptionnelles lui permettent de participer à des galas les week-ends.

Une petite fille, Josette, naît au foyer. Trois semaines plus tard, Fernandel est libéré de ses obligations militaires. Il est bientôt la vedette d'une revue appelée « C'est un monde », présentée dans un cinéma. Il chante aussi à l'entracte des cinémas. Il enregistre un premier disque puis part en tournée.

Fernandel a rencontré Henriette juste avant la guerre de 1914. C'est la sœur de son ami Jean. Quand il sonne à sa porte, la mère s'écrie : « Té, le voilà le Fernand d'elle » C'est ainsi qu'il est baptisé.

Il a passé les concours de chant du Journal Comœdia et a reçu un deuxième prix, avec une médaille d'or et un engagement d'une semaine au Palais de Cristal, premier pas vers le vedettariat. Déjà, quand il avait huit ans, il s'attachait à imiter le comique troupier Polin. Il n'avait pas cinq ans quand il débute sur les planches, habillé en soldat. Pour la première fois il fait rire le public. Il fréquente les coulisses, applaudit les acteurs, devient un habitué des revues. Quand il monte en scène à la Scala pour chanter « Mademoiselle Rose, J'ai un petit objet à vous offrir » il fait pouffer toute la salle. Il reçoit une gifle de l'Abbé de la paroisse mais celui-ci s'adoucit devant le succès de son enfant de chœur.

Fernandel est mort à l'âge de 67 ans. La biographie de Fréderic Valmont (Ed. Didier Carpentier 2009) est illustrée abondamment.

Jean Gabin

1904 – 1976

« Je sais... que je ne sais rien » chante le vieux comédien. Il ne peut plus jouer mais il chante encore, tout en regardant sa vie en face, en un éclair et à rebours.

Son dernier film, il l'a fait en soutane, mais toujours le pistolet à la main. C'était « L'année sainte », avec Danielle Darrieux. Avant il y a eu « Deux hommes dans la ville », avec Delon, puis « Le chat » avec Simone Signoret, dont il a un atroce souvenir. Il avait 70 ans Il ne rêvait que de se retirer à la campagne, avec son chien et son fusil, et aussi avec « La Grande », sa femme Dominique. Mais les producteurs ont insisté. En 1969 « Le clan des Siciliens », avec Delon, sera son dernier film de gangsters. Déjà il revient à son rôle préféré, celui de gentleman farmer, à la Moncorgerie, sa propriété. Il n'a jamais oublié qu'il s'appelait Moncorgé. Gabin, c'était un nom de gosse, un nom de cinéma.

Depuis dix ans il enchaîne les rôles de patriarche. « Le Pacha », avec des dialogues d'Audiard, a été un grand succès. La musique était de Gainsbourg. Succès aussi avec « Du rififi à Paname », un film écrit sur mesure pour lui. Désormais on lui écrit des histoires exprès pour qu'il les joue mais le succès n'est pas toujours au rendez-vous

En 1960, il a été promu Officier de la Légion d'Honneur. Il y a été très sensible. Pour « Un singe en hiver », il tournait avec un jeune, Jean-Paul Belmondo, mais le film n'a pas été bien accueilli. Quatre ans plus tôt, c'était « La traversée de Paris » une rencontre avec Louis de Funès. Mais bientôt, retour aux films de gangsters pour lesquels il est imbattable.

Dans « French cancan », il affrontait la couleur à ses débuts. Mais il n'était pas très à l'aise dans ce rôle de patron qui bouscule toutes ses danseuses. De chef de ballet, il devient juge pour enfants avec « Chiens perdus sans colliers », un film extrait du roman de Cesbron. Malgré ce régime forcé, il prend le temps de retourner à la ferme, pour voir si la récolte est bonne. Il est en bonne santé, heureusement, malgré ses quatre paquets de cigarettes par jour. Il n'aime ni la religion, ni la politique mais il n'est pas anticlérical. Pas d'aversion non plus contre les élus. Décidément, la politique ne l'intéresse pas. Qu'est-ce qui l'intéresse ? Il l'a dit, son chien et son fusil. Au point de changer de trottoir quand il croise Edgar Faure.

En 1950, c'était déjà un vrai retour à la terre. Il épouse Christiane Fournier, un mannequin de chez Lanvin, qui lui donne trois enfants, Florence, Valérie et Mathias. Il voulait des enfants, elle est la seule à l'avoir compris. Avec elle, il achète sa ferme. Dès la naissance de Florence, il retourne à la ferme, qu'il a baptisée « La Moncorgerie ». Il s'est fixé un plan social, il veut devenir le bourgeois qu'il n'a jamais été.

Mais les producteurs de cinéma ne faiblissent pas. Il accepte de tourner quatre longs métrages qui ne parviennent plus à faire de lui la star dont il rêve. Mais bientôt vient « La nuit est mon royaume », où il joue un aveugle et gagne un prix d'interprétation à Venise. Puis il tourne « La vérité sur Bébé Donge » avec Danielle Darrieux.

À l'automne suivant il cherche à rajeunir son personnage de séducteur. Il n'accepte pas de vieillir. Il tourne alors « Touchez pas au grisbi », qui le relance Il a cinquante ans, jamais il n'a été aussi émouvant. Sa silhouette de dur le sert. Il a épaissi mais il garde son sourire charmeur et ses yeux bleus. Il retrouve Arletty au cinéma, leur amitié a résisté à tout. Son anniversaire de 50 ans, c'est une grande fête à Pleyel devant un parterre de vedettes et tout un public populaire qui l'attend à sa sortie. Il fête en même temps ses 25 ans de carrière, il est aimé, tout lui réussit.

En 1945, il avait vieilli pourtant. Ses cheveux étaient devenus tout blancs. Son histoire d'amour avec Marlène Dietrich a flambé en un an et demi. Il va tourner en Italie avec René Clément. Pour la première fois, il a un rôle de père.

Avant cela, il y a eu Michèle Morgan, avec Marcel Carné. Il tourne « Quai des brumes », un long métrage mélancolique, au Havre. Il est tombé amoureux de Michèle Morgan, comment faire autrement ? Le tournage fait d'eux un couple mythique. « T'as de beaux yeux, tu sais !» lui assure la reconnaissance. Sans fléchir un seul instant, il tourne « La bête humaine » de Jean Renoir, d'après un roman de Zola. Le film confirme le statut de star de Gabin Il retrouve Carné dans « Le jour se lève », autant de chefs d'œuvre. Le film est pourtant mal reçu du public. C'est un drame où l'acteur principal se suicide après une longue agonie. Cette histoire douloureuse n'atteint pas le cœur des femmes.

Se prépare alors « Remorques », un film avec le même couple Gabin/Morgan. Beaucoup d'émotion, la même que pour « Quai des brumes ». Mais aussitôt après le tournage, Gabin obtient son départ pour les États-Unis. Il rejoint là-bas un groupe d'expatriés.

Nous sommes en 1941 et son exil va durer jusqu'à la fin de la guerre. Il s'engage dans les Fusiliers marins et finit la guerre à son honneur avec la croix de guerre et la médaille militaire. Mais il a pris un coup de vieux, pauvre Gabin.

Avant la guerre, c'était les films de jeunesse, il ne les renie pas. En 1934, il crée dans « Zouzou » un personnage sentimental dans lequel le public le retrouve. Il rejoint Madeleine Renaud dans « Maria Chapdelaine », un sombre drame qui obtient le grand prix du Cinéma français de 1935. Il tourne aussi « La Bandera » qui fait de lui, déjà, une star. Son but est atteint à l'âge de 31 ans.

L'année suivante, la « Belle équipe », tournée en plein Front Populaire, a un impact sur son image politique. Puis, c'est « Pépé le moko », un drame policier qui le porte au comble du succès international. Avant même la sortie du film, il commence le tournage de « La Grande illusion », en face à face avec Pierre Fresnay. Le film le projette à nouveau sous les sunlights. Il est promu parmi les douze meilleurs films de la planète. Il remporte l'adhésion de tous, de l'extrême droite à l'extrême gauche. Mais déjà Gabin tire une nouvelle corde de son arc, avec « Gueule d'amour », de Jean Grémillon, un film très populaire où le héros étrangle par jalousie celle qu'il aime.

Il a vieilli, ses cheveux blanchissent mais il a gardé ses beaux yeux bleus grâce auxquels il séduit les femmes. Son histoire d'amour avec Marlène se termine. Il part pour l'Italie tourner un rôle de père, pour la première fois. Albin en est tout ému. Il rêve d'avoir des enfants.

Mais son ascension n'a pas été facile. Dans le théâtre voisin de la Gaieté lyrique, il a repéré une jeune fille, Gaby Basset. Il lui fait une cour empressée Ils cachent leur amour dans une chambre d'hôtel à Château Rouge. Il épouse Gaby à l'église du 18ème arrondissement. Puis il rejoint l'armée, embarque sur le Voltaire, un cuirassé. Démobilisé, il effectue son grand retour aux Bouffes Parisiens. Il court le cachet, se produit un peu partout. C'est une dure école.

Mistinguett, la Miss, la reine du Music-Hall, le remarque et lui propose un contrat. Pour elle, il transige sur son salaire quotidien. Il chante un duo avec elle. Le Tout Paris le découvre. Des rumeurs lui attribuent son statut d'amant de la Miss. Une idylle est née, dans l'imagination du public. Gabin Fils, né de Gabin, l'artiste du Music-Hall, ne déçoit pas les dames. Le voilà augmenté.

On lui fait faire un court-métrage, puis un autre. Il est lancé au cinéma. En cette fin du cinéma muet, les grandes sociétés américaines s'installent en France. Aux Bouffes Parisiens, il tourne les premiers rôles. Il débute sur l'affiche. Le soir même, avec Gaby, sa femme, il fait la fête, offre à son père deux pouliches. Il reprend aussi une opérette aux côtés de Mireille dont la chanson « Couché dans le foin » a fait le tour du monde. On compare le jeune Gabin à Sacha Guitry, et c'est un bel hommage.

Mais le couple qu'il forme avec Gaby prend l'eau. Leur séparation est amicale. Dans chacun de ses films, il y a un rôle pour elle. Il ne la laisse pas tomber. L'ancien « boy » de

Mistinguett se prépare à devenir un grand acteur. Chaque jour, il apprend, il interroge sans cesse Il croise aussi Charles Trenet, un jeune Cantalou, ainsi qu'une débutante, Edwige Feuillère. L'année suivante, il tourne avec Fernandel. En 1931, il peut faire ses adieux au Music-Hall pour se concentrer sur le cinéma.

Avec Raimu et Fernandel, il tourne « Les gaietés de l'escadron » C'est un comique troupier qui réjouit le public amateur de rigolades. Puis il tourne « La belle Marinière », l'histoire d'une péniche. Il travaille avec Pabst, le grand réalisateur allemand. Il ne s'arrête jamais.

Quand il regarde sa jeunesse, il y a le vélo, pour lequel il montre une vraie passion. À l'âge de dix ans, il est confié par son père et sa mère à son grand-père, qui habite à deux pas du champ de courses. Le turf sera une autre de ses passions.

À l'âge de 14 ans, il a eu la douleur de perdre sa mère. Son père l'a inscrit au Lycée Jean-Claude Sailly mais il est trop bagarreur, il est renvoyé. À l'âge de 15 ans, déjà, il commence à faire des petits boulots. Il apprend la boxe. Le foot aussi le réclame. Il fait les 400 coups dans le Val d'Oise. Mais c'est son père, ancien artiste au Music-Hall, qui lui apprend à se tenir sur scène. Il le présente aux Folies Bergères, premier cachet.

Son meilleur souvenir d'amitié, c'était de se faire engueuler à huit ans, avec son copain Pierre Brasseur, parce que les deux enfants se chamaillaient. Il apprend le piano mais son instrument préféré, c'est l'accordéon. Et il s'évade dans l'école buissonnière, à la recherche de nids d'oiseaux.

Jean Gabin est mort à l'âge de 72 ans. La biographie de Christian Dureau « Jean Gabin, le monument du cinéma français » retrace son parcours, de film en film. (Éditions Didier Carpentier).

Cary Grant

1904 – 1986

Cary Grant vient d'être élu « Homme de l'année » par le Club Friars de New-York. Il sent bien que ce sera sa dernière gratification. Et il se retourne sur sa vie, pour la faire défiler en un éclair et à rebours.

A 77 ans, il a épousé Barbara Harris, une jeune et jolie femme de l'équipe des Relations publiques de Fabergé, le bijoutier des stars. Elle s'installe avec lui dans sa maison. La fille de Cary, Jennifer, s'entend très bien avec elle. C'est une nouvelle vie.

Il y a dix ans, il a enfin reçu un Oscar pour son œuvre.

Toute sa vie il a attendu cet honneur. L'Oscar lui a été remis par son vieil ami Frank Sinatra. Il y a vingt ans, le temps passe si vite, il avait épousé Dyan Cannon. C'était une blonde au physique quelconque mais il avait été frappé par sa sensualité. Apprenant qu'elle était à Rome, il l'avait invitée à venir le rejoindre à Los Angeles. À son retour, elle passait un bout d'essai à Universal, très positif.

Cary voulait un enfant. Toute sa vie il avait rêvé d'être père mais ses relations très platoniques avec les femmes l'en avaient empêché. La même année, il tournait une comédie policière, « Charade », avec Audrey Hepburn, qui était un triomphe.

Les femmes, il les avait beaucoup aimées, mais mal. Aussitôt épousées, elles l'agaçaient. Il allait parfois jusqu'à les frapper, à son grand remords. Cary était bisexuel et il trouvait plus reposantes les relations avec les garçons.

En 1957, il tournait « La mort aux trousses » avec Hitchcock. C'était un film à suspense dans lequel il tenait le haut de l'affiche. C'était l'époque où il se séparait de Betsy Drake. Sa partenaire dans le film était Eva Marie Saint, Sophia Loren ayant refusé le rôle. Il s'agissait d'une histoire d'espionnage, tournée avec beaucoup d'humour. C'est dans ce film qu'il y avait la célèbre séquence de l'avion mitraillant le champ de blé dans lequel s'était réfugié le héros. Hitchcock, toujours un peu sadique, s'était amusé de voir son personnage couvert de poussière. Au box-office, ses deux derniers films, « Indiscrétions» et « La mort aux trousses » avaient remporté un grand succès.

Betsy Drake était une actrice pas vraiment jolie mais attirante. Sa culture, son intelligence retenaient l'attention. Le mariage avait été célébré à bord d'un avion de Howard Hughes, à Phénix, en Arizona. Il n'y eut pas de lune de miel,

Betsy devant tourner un film sur une jeune femme faisant semblant d'être enceinte. Elle devait tourner toute sa partie avec un oreiller sur le ventre.

Cary accepte alors de tourner « Crise », une adaptation d'un roman de Richard Brooks. Il fête son 46ème anniversaire sur le plateau. Ce sont les années les plus productives pour lui. Il tourne aussi « Chérie, je me sens rajeunir », et « La main au collet » de Hitchcock. Il fait aussi la connaissance du LSD, une drogue qui accentue l'efficacité du cerveau et résout ses problèmes d'érection.

Depuis quelques années avant la guerre, en 1937, Cary était agent spécial des Services secrets britanniques. Très opposé à Hitler et à Mussolini, il a rempli de nombreuses missions secrètes. La même année, il rencontre Hitchcock par lequel il est conquis. Tous deux sont anglais d'origine et ils s'entendent très bien. À l'époque, Cary tient déjà le haut de l'affiche avec « Cette sacrée vérité » et « L'impossible Monsieur Bébé ». Phyllis Brooks est amoureuse de lui, ainsi que la petite Shirley Temple, du haut de ses dix ans.

Il se prépare à tourner « Gunga Din », qui est une charge contre le régime hitlérien et obtient un grand succès public. Il se fiance officiellement avec Phyllis après lui avoir fait un contrat impossible. Cary travaille à l'élimination des sympathisants nazis en Californie. Phyllis rompt avec lui, ne voulant pas renoncer à sa carrière, comme il le lui demandait. Cary se rapproche de Randolph Scott, son amant de toujours, et se met à fréquenter Barbara Hutton, une riche héritière surprotégée, grosse et malheureuse. Miss Hutton était en contact avec l'Allemagne nazie et Cary surveillait son courrier. Il verse la totalité de son cachet pour « Indiscrétions » à la Croix Rouge.

Pour l'anniversaire de Cary, Barbara Hutton organise une

grande fête autour de la piscine. Elle-même est éblouissante dans une robe longue et Cary est éclatant dans son smoking blanc Il entreprend de tourner « Soupçons », avec Hitchcock. Avec Barbara, il a une vie mondaine très riche. Sa vie d'agent secret est active aussi. Elle s'exerce à cette époque sur Errol Flynn, dont Cary dénonce les activités d'espionnage.

Il travaille avec le metteur en scène Frank Capra sur une adaptation de la pièce « Arsenic et Vieilles dentelles » Le dimanche 7 décembre, les Japonais bombardent Pearl Harbour. Cary poursuit plus que jamais son activité d'agent secret. Il se marie enfin avec Barbara Hutton en 1942. Dans l'entourage de celle-ci, on affirme que le mariage n'a jamais été consommé. Mais Cary se montre un véritable père pour Lance, le fils de Barbara. Celle-ci ne tarde pas à apprendre que Cary est homosexuel, et elle entre en dépression.

Cary entame le tournage de « Rien qu'un cœur solitaire », il se plaît dans ce rôle d'anti-héros, un vaurien, mauvais fils. Sa propre mère vient à mourir. Quand il la prend dans ses bras, ils sanglotent tous les deux, c'est un grand moment de tristesse et d'émotion.

Cary et Barbara annoncent à la presse leur séparation. Cary est très déprimé, amaigri et pâle. Enfin il se décide à tourner « Night and day », le film sur Cole Porter. Mais il est irascible et pointilleux. Il tourne aussi « Les enchaînés » avec Hitchcock. Il aime jouer le rôle d'un espion mais le film contient une facette importante du caractère de Cary : sa peur des femmes. Cela devait être néanmoins l'un de ses plus grands succès. Il entretient toujours une relation avec Howard Hughes. Sa fascination pour la richesse, lui qui fut un enfant pauvre, vendu par son père à un entrepreneur de spectacles, est manifeste.

En 1932, Cary décidait de tenter sa chance sur la côte

Ouest des États-Unis. Il arrive à Los Angeles au cours d'une inondation. Il est accompagné de Phil Charig, un compositeur dont il est épris. Tous deux louent un appartement dans le West Hollywood. À cette époque, Cary est déjà très séduisant. Il a des manières aimables, un corps athlétique. Il s'appelle encore Archie Leach mais ses vieux amis lui recommandent de changer de nom et lui trouvent le nouveau. Il rencontre Randolph Scott qui jouera un grand rôle dans sa vie. Randy s'installe chez Cary à la place de Phil, au grand scandale d'Hollywood.

Cary tourne « Blonde Vénus » avec Marlène Dietrich. Il sort avec Virginia Cherrill, une blonde ravissante. Ils passent ensemble d'agréables soirées platoniques. Ils se marient le 9 février 1934. Mais l'état de santé de Cary se détériore. Il entre en dépression. Le couple se dispute et en vient même aux mains. Virginia entame le divorce.

Cary rencontre Howard Hughes, le célibataire le plus riche de la planète, qui l'emmène en croisière. Puis il s'installe avec Randy dans une maison au bord de l'eau, à Santa Monica.

Ses années d'enfance ont été misérables. Sa mère, très sévère, le battait. Son père l'a vendu à Robert Lomas, un entrepreneur de spectacles. Il assure deux spectacles de danse acrobatique chaque soir. En 1910, Cary part pour New-York avec toute la troupe mais le succès n'est pas au rendez-vous. A l'âge de 10 ans, il entre au Collège Fairfield ; le soir, il travaille comme garçon à tout faire dans les théâtres de Bristol. Il devient l'amant d'Orry-Kelly qui a entamé une carrière d'acteur. Ils décident de vivre ensemble avec un autre homosexuel comme colocataire. Bientôt, ils partent en tournée avec le cirque Barnum, une expérience pleine d'enseignement pour Cary. Au retour, il trouve un travail

d'homme sandwich puis un petit rôle dans la comédie
« Golden dawn ». Il obtient d'autres petits rôles dans
plusieurs comédies musicales. C'est le début de sa carrière de
comédien.

De son enfance, il se souvient qu'il était exclu de l'amour
de ses parents mais il raffolait des pantomimes de fin d'année,
à Noël.

Cary Grant est mort d'une crise cardiaque à l'âge de 82
ans. La biographie de Charles Higham et Roy Moseley
retrace en détails le cours de cette longue vie. (Ed. Sylvie
Messinger 1989).

Ingrid Bergman

1915 – 1982

Depuis le jour où Ingrid Bergman a détecté sous sa main une grosseur dans son sein, elle pense à sa mort prochaine. Elle demande à son ami Lars Trier de l'emmener en Suède sur les lieux de son enfance. Et là, elle revoit toute sa vie, en un éclair et à rebours.

En 1973, il y a dix ans déjà, elle a présidé le jury du Festival de Cannes. Bien que fatiguée, elle a réussi à venir à bout de toutes ses obligations. C'est à Cannes qu'elle a rencontré son homonyme, Ingmar Bergman, devenu l'un de ses amis. Mais la mort de ses meilleurs copains, Cary Grant, Gary Cooper, l'a rendue plus sombre.

Dix ans plus tôt, un autre de ses grands souvenirs, le tournage avec Anthony Queen, « La visite de la vielle dame », s'impose à elle. Mais la même année, sa belle-fille Rossellini est tombée malade de la colonne vertébrale. Il a fallu l'opérer. Peu après, elle a rempli un de ses engagements en interprétant « La voix humaine » de Cocteau, comme elle l'avait promis. Elle était alors dans son âge mûr mais devenait plus exigeante et autoritaire. Après le film, retour au théâtre pour une pièce de Bernard Shaw qui l'entraîne dans une grande tournée aux États-Unis. À cette période, elle est parvenue à ses fins, jouer tout ce qu'elle veut, films, pièces de théâtre, tout lui réussit.

Encore dix ans plus tôt, et Jean Renoir s'intéresse à sa carrière. Elle tourne avec lui « Helena et les hommes », dans lequel elle incarne une princesse fantasque. Puis c'est Anatole Litvak qui la contacte pour jouer « Anastasia », un rôle précieux. Roberto, son deuxième mari, est jaloux et voudrait l'empêcher de s'illustrer dans cette autre princesse. Elle passe outre. Le tournage a lieu à Londres, où elle retrouve avec plaisir sa liberté. Roberto sombre dans la mauvaise humeur. Il part pour l'Inde où il tourne un nouveau film. De son côté, Ingrid prépare son retour à Hollywood, où on l'attend avec plaisir. « Vous nous avez manqué, Mademoiselle Bergman » lui dit-on de tous côtés. C'est qu'elle a été persona non grata pendant près de dix années, à cause de son mariage italien. Elle remporte aussitôt un Oscar de la meilleure actrice pour sa prestation dans Anastasia. Mais le doute s'est installé dans son couple avec Roberto Rossellini. Celui-ci espère la garder en lui offrant une « Jeanne au bûcher », un oratorio   filmé qui devient un vrai succès.

En 1949 elle était heureuse d'être enceinte de Roberto. Interdite en Amérique, elle ne peut pas revoir sa fille, qui lui manque. Le scandale a éclaté quand elle s'est affichée avec Roberto en Italie. Les Américains se sont déchaînés contre elle. Leur petite vierge, leur pucelle prise en flagrant délit d'adultère. Cela avait tout de la descente aux enfers. Elle en ressent encore une tristesse profonde. Son mari d'alors, Petter, s'est déplacé à Rome pour la conjurer de revenir en Amérique. Roberto est jaloux. Il menace de se suicider si Ingrid repart. Elle lui répond en lui donnant un enfant.

La naissance du petit garçon est annoncée au même moment que la sortie du film de son aman, « Stromboli ». Les critiques sont méchantes. Roberto est couvert de dettes et voilà Ingrid à nouveau enceinte alors que son fils n'a qu'un an. Sa grossesse est énorme, elle attend des jumeaux. Roberto est fou de joie. Elle met au monde deux petites filles très différentes l'une de l'autre. Ce ne sont pas des vraies jumelles, elle s'en félicite. Roberto tourne « Voyage en Italie » sans scenario ni dialogues. La critique est désastreuse.

C'était seulement deux ans plus tôt qu'elle écrivait à Monsieur Rossellini pour l'assurer de son admiration pour « Rome, ville ouverte », le chef d'œuvre de ce réalisateur italien dont elle ne savait encore rien. Et pourtant, déjà, sa lettre était une déclaration d'amour. Pour elle, le film symbolise toute l'histoire de l'Italie. Elle a vu aussi « Paisa », une autre œuvre du même réalisateur. Elle veut le rencontrer. Il lui envoie un scénario. Ce n'est qu'un début. Ils se rencontrent à Paris à la fin août. Roberto a 42 ans, elle en a 33. Il a une vie derrière lui, il a perdu un fils, s'est détaché de sa femme, a vécu d'autres passions. Ingrid arrive à Rome en amoureuse. L'Amérique tout entière se réveille de colère. Elle refuse que cette femme trahisse son mari et son enfant si ouvertement. Elle lui interdit de rentrer en Amérique avant plusieurs années. Le scandale éclate quand Ingrid prend la presse à témoin. Pourtant l'Amérique l'a laissé faire quand elle tournait « Jeanne la Lorraine » et n'était pas moins amoureuse du photographe Capa. Ce personnage était fascinant pour le nombre de ses voyages et sa culture. Déjà Ingrid ne voulait pas renoncer à son indépendance. Leur idylle se terminait, elle le sentait. Mais à l'écran elle n'incarne que des héroïnes positives, et même des saintes. Ce personnage de Jeanne d'Arc, elle l'a voulu depuis qu'elle rêvait de cinéma, dans son adolescence.

Avec son mari Petter, la situation était compliquée. Ce premier mariage était de raison, Petter était pour elle un père plus qu'un amant. Il était dentiste, avait une belle situation. Il représentait la solidité, pour elle qui rêvait sans cesse. Quand elle a voulu partir pour Hollywood, il a fait des études de médecine pour devenir docteur. Puis il a acheté une maison à Rochester. Le couple a longtemps vécu ensemble, même séparé. Pour sauver ce mariage, ils décident d'avoir un enfant. Mais celui-ci n'a pas vécu. Ils finissent par avoir une fille... C'est alors qu'Ingrid va voir « Rome ville ouverte » qui l'émeut jusqu'aux larmes.

Elle n'a pas connu cette émotion depuis qu'elle a tourné « Casablanca », de Mickaël Curtiz. Son partenaire était alors Humphrey Bogart. Le film est devenu mythique. Après bien des discussions, elle accepte de jouer Maria dans « Pour qui sonne le glas » d'après le roman d'Ernest Hemingway. Elle a les cheveux très courts et une allure androgyne qui séduit le public féminin. Le personnage obtient un Oscar, la voilà confirmée dans son rôle de star. C'est son premier long métrage en couleurs. En 1943, « Casablanca » obtenait déjà l'oscar du meilleur film. Ingrid ne cessera plus de tourner. Mais son mariage se dégrade. Petter tient toujours les cordons de la bourse mais c'est elle qui gagne l'argent. Il gouverne leur fille et l'empêche de ressentir pour sa mère amour et respect.

Ingrid tourne « Hantise », un suspense avec Charles Boyer en mari diabolique. Elle enchaîne avec « La maison du Docteur Edwards », d'Hitchcock. Les deux années 1944 et 1945, elle voyage en Europe pour soutenir le moral des troupes. C'est alors qu'elle a fait connaissance de Robert Capa, qui filme le débarquement des alliés en Normandie. Leur liaison sera brève. Ingrid tourne « Les enchaînés » avec Cary Grant. C'est un triomphe.

Avant la guerre, quand elle n'était qu'une nouvelle actrice à peine éclose, elle voulait déjà interpréter le personnage de Jeanne d'Arc. David Selznick, le producteur qui la « découvre » lui demande d'attendre quelques mois. Puis il lui annonce que son projet est à l'eau. Ingrid ronge son frein. Sa docilité apparente cache une grande force. Selznick pense à elle pour l'adaptation de « Docteur Jekyll et Mister Hyde ». Puis elle a un grand succès au théâtre avec « Anna Christie », une pièce d'Eugène O'Neill. Elle a toujours aimé alterner ses succès au théâtre et au cinéma.

En attendant le déblocage des financements, elle retourne en Suède avec son mari Petter et sa fille Pia. Avec Petter Lindström, elle a fait un mariage de raison. Il était dentiste, gagnait bien sa vie, c'était un facteur de solidité. L'amour est venu peu à peu. Le voyage de noces a été un périple en Angleterre et en Norvège. Peu après son retour, elle a mis au monde sa petite Pia, sans interrompre sa carrière, qui débutera aux États-Unis. C'est l'année suivante qu'elle rencontre David Selznick, producteur américain. Il a acheté les droits de la pièce Intermezzo avec laquelle elle a remporté un fier succès. Elle laisse son mari et sa fille et se rend toute seule aux USA, avec le paquebot Queen Mary. La résidence de Selznick est aussi impressionnante que le personnage de celui-ci. A 37 ans, il fait dix années de plus. Mais c'est le coup de foudre avec le public américain. Les salles sont pleines à craquer. Plus encore qu'en Suède. Pour Ingrid, c'est un premier succès. L'histoire est attachante, celle d'une pianiste amoureuse d'un violoniste. C'est le rôle qui lance sa carrière. Et qui déclenche la jalousie de ses collègues, qui la battent et la blessent. Elle retiendra la leçon.

Son destin était déjà scellé à 17 ans, quand l'école dramatique de Stockholm, le Dramate, l'a acceptée comme élève, en lui téléphonant le lendemain de son audition. Très grande et très belle, son visage est lumineux, il est de ceux que l'on retient. Son port de tête est admirable. Ce physique exceptionnel renforce son assurance. Elle rêve déjà de cinéma et c'est le cinéma qui vient à elle en lui fournissant ce petit rôle dans « Intermezzo ». Elle est aussi passionnée de théâtre et se voit déjà en vedette avec le personnage de Jeanne d'Arc, qui la poursuivra toute sa vie.

À l'âge de sept elle est l'enfant la plus photographiée du monde. Son père est photographe. Mais elle a perdu sa mère à l'âge de trois ans, un deuil dont elle ne se remettra pas.

Ingrid Bergman meurt à Londres à l'âge de 67 ans, après avoir téléphoné à tous ses enfants. La biographie de Marine Baron « Le feu sous la glace » (Les Belles Lettres) retrace brillamment ce destin chahuté entre la Suède et les États-Unis, puis l'Italie.

Yves Montand

1921 – 1991

Montand sais bien que son temps est fini. Son cœur lui a déjà donné quelques alertes. Il regarde marcher son fils Valentin et soudain, lui-même revoit toute sa vie, en un éclair et à rebours.

Depuis quelques années déjà, Simone Signoret a tiré sa révérence. Elle était un peu jalouse de sa rivale Carole Amiel, la nouvelle compagne de Montand et la mère de son fils. Yves vient de tourner la belle histoire de Jean de Florette et de Manon des Sources. Il y jouait le papet, un rôle à sa mesure.

Ces derniers temps, il a accumulé les tournages. Pour le plaisir, mais aussi, pour l'argent. Il a tourné des sujets variés, dans lesquels il s'est amusé. « César et Rosalie », avec Romy Schneider, un film de Claude Sautet, et du même réalisateur, le très beau et très drôle « Vincent, François, Paul et les autres ». Il s'en est donné à cœur joie avec cette petite bande.

Il a tourné aussi « La folie des grandeurs » de Gérard Oury, où il campait un valet très malicieux. Le numéro de strip-tease de la Duègne était parfait. Il s'est aussi contraint à tourner, avec Jean-Luc Godard, le fameux « Tout va bien », histoire de vérifier que Godard est toujours aussi odieux sur un plateau de cinéma.

En 1970, c'était l'année de « L'aveu », un film pour lequel il s'est engagé jusqu'à la moelle. Un film militant, qui a fait un succès inattendu. Pour Montand, ce film marquait la rupture entre une gauche communiste et une autre plus démocratique. Il ne s'est pas privé de le dire. Il a beaucoup parlé dans les médias ces années-là. Les journaux en redemandaient et cela l'aidait à préciser sa pensée. Mais le fossé s'est creusé entre lui et son frère, resté communiste. Pour devenir infranchissable. Tant pis. Le Papet avait la parole, il s'en servait dès qu'il le pouvait. Cela n'a duré qu'un temps, d'ailleurs. On a parlé alors d'une ambition présidentielle de Montand. Quelle bêtise...

Tout est parti de son rôle dans « Z ». Quand Montant a rencontré Costa-Gavras, celui-ci cherchait du financement pour créer son film, le tournage de « Z », un thriller politique sur l'assassinat d'un député grec. Le scénario déroutait les investisseurs. Ils refusaient de mettre un sou dans cette histoire. Heureusement, Jacques Perrin, qui jouait un journaliste, s'est débrouillé, il a trouvé l'argent et le film a pu se faire. Il est sorti discrètement, 22000 entrées seulement la première semaine, mais le bouche à oreilles a fonctionné et cela a été un succès. Le petit juge, Trintignant, y était pour beaucoup. Les producteurs ont regretté leur opposition.

Auparavant, Montand avait tourné « La guerre est finie » avec son ami George Semprun. Son rôle de Diego, un militant, lui a donné une autre dimension. Il a joué aussi quelques petits rôles, « Un homme, une femme », de Lelouch, et « Un soir un train ». À l'époque, Simone était de toutes les aventures, elle ne le quittait jamais. Ils n'avaient plus de relations sexuelles mais ils s'aimaient très fort. Elle continuait à le guider dans ses choix de rôle.

La découverte de l'Amérique, en 1959, avait été glorieuse. La presse était conquise par son tour de chant. Lui et Simone avaient été invités à dîner chez Arthur Miller, à Los Angeles. Il s'agissait, pour Montand, de tourner un film, « Le Milliardaire », avec Marilyn. Peu après le repas, Simone et Arthur se sont éloignés, ils savaient ce qui allait arriver. Et cela n'a pas manqué, Marilyn est amoureuse.

C'est la fin de son mariage avec Arthur. Celui-ci est en train de lui faire un cadeau d'adieu : son rôle dans « Les désaxés » Montand est un peu amoureux aussi, plutôt époustouflé. C'est une femme si séduisante. Mais à aucun moment, il n'envisage de quitter Simone. Avec Marilyn, une chose les rapproche, leur enfance misérable. Tous les deux ont connu l'extrême pauvreté. Pourtant, après « Le milliardaire », Montand rentre à Paris. Il tourne les trois films qu'il s'est engagé à faire : « Sanctuaire », d'après Faulkner, « Aimez-vous Brahms », ave Antony Perkins, et « My geisha ».

Avant l'Amérique, il y a eu tout ce passage avec la Russie soviétique. Il venait d'acheter une maison à Auteuil, en Normandie. C'est une ferme, avec des vaches. La cuisinière en prendra soin.

C'est à cette époque-là que Simone Signoret et lui ont signé l'appel de Stockholm, contre la dissémination nucléaire. Il y a des représailles, des protestations. On multiplie les brimades à l'égard du couple, on jette des boules puantes dans les lieux où Montand va chanter. On macule les affiches de goudron.

Des rumeurs circulent sur l'idéologie stalinienne et les camps de concentration. Le couple est mal à l'aise. Dans ce climat terrifiant, de chasse aux communistes, Arthur Miller reprend, dans une pièce de théâtre, « Les sorcières de Salem », un vieux procès en sorcellerie qu'il situe au XVIème siècle à Salem, aux États-Unis. La pièce est jouée à New York. Simone et Yves reçoivent une traduction pour laquelle ils demandent une adaptation. Marcel Aymé l'accepte. Raymond Rouleau est pressenti pour la mise en scène. Simone et Yves jouent Maîtresse et Maître Proctor. La pièce sera jouée jusqu'en 1955. La version filmée prendra la suite.

Mais c'est la date où Khrouchtchev dénonce l'État stalinien et les crimes du « Petit père du peuple ». Montand se reproche son aveuglement. Il a prévu de longue date une tournée en URSS. Partira-t-il ? Il hésite. Les chars russes écrasent les Hongrois à Budapest. Montand repousse sa tournée puis se décide à partir. Simone et lui s'envolent pour Moscou. Le soir de son quatrième récital, Khrouchtchev et sa suite le rejoignent dans sa loge et l'invitent au Kremlin. Ainsi il saisit l'occasion de lui dire tout le mal qu'il pense du Parti communiste. À son retour, il s'en éloigne. Il se brouille ainsi avec son propre frère, Julien, qui habite juste au-dessus de la Roulotte, place Dauphine. Julien déménage en grande pompe, avec sa famille.

Montand teste son nouveau « One man show ». Il est

heureux. On lui propose un film « Le salaire de la peur » une adaptation d'un roman de Georges Arnaud. C'est Clouzot qui insiste. Montand accepte du bout des lèvres, il n'est pas certain de pouvoir porter un film de bout en bout. Et il y a autre chose : le film doit être tourné en Espagne. Montand ne veut pas traverser les Pyrénées tant que Franco est au pouvoir. Finalement, on tournera en Camargue.

Le premier tour de manivelle est donné en 1951. Clouzot se montre difficile, exigeant. Montand fait le gros dos. Il tient au film. Le 21 décembre de la même année, Yves et Simone Kaminker se marient à la mairie de Saint Paul de Vence. Simone vient de tourner « Casque d'or ».

Dès la cérémonie terminée, Montand repart en tournée en France, en Suisse et en Belgique. « Le Salaire de la peur a été interrompu à cause des intempéries. Clouzot le termine puis le présente à Cannes où il obtient le Grand Prix. Simone commence à tourner Thérèse Raquin, d'après Zola. Elle perd l'enfant qu'elle attendait.

Montand tient beaucoup à celles de ses chansons qui s'adressent au peuple, « les cow-boys » « Battling Joe », « Les grands boulevards ». Il n'a pas honte d'être pris pour un communiste. En 1949, il est devenu un homme heureux en rencontrant Simone à la Colombe d'Or, à Saint Paul de Vence. Elle était au bras de Prévert, habillée en gitane, les pieds nus. C'était la plus belle femme qu'il ait jamais approchée. Elle était alors la compagne d'Yves Allégret, dont elle avait une fille, Catherine. Mais c'était la fin de ce mariage. Elle fut libre dès l'instant où elle croisa Montand.

Mais la rupture tarde à venir. Montand envoie un ultimatum. Simone ne veut pas perturber sa fille. Enfin, c'est le divorce. Montand et Simone peuvent vivre ensemble, au grand jour.

1946, Carné et Prévert viennent voir Montand. Ils préparent un film, « Les portes de la nuit », une histoire d'amour tragique. La partenaire féminine est une inconnue très jolie, Nathalie Nattier. D'autres acteurs sont de la partie, Pierre Brasseur, et Jean Vilar. Ce sont déjà des monstres sacrés. Mais le rôle de jeune premier ne va pas bien à Montand, il s'ennuie. C'est un débutant que personne n'encourage. À la sortie du film, les critiques sont sans pitié. Yves est effondré. Premier film, premier échec.

Un soir pourtant, un inconnu vient frapper chez lui à sa sortie de scène. C'est Jack Warner le plus grand producteur d'Hollywood. Il veut emmener Montand aux USA, lui faire signer un contrat de cinq ans. Montand signe les yeux fermés. Ce n'est que beaucoup plus tard qu'il s'aperçoit que son contrat est abusif. Il entame une action judiciaire. En attendant, il retourne à la scène, trouve un pianiste, Bob Castella, un guitariste, le Gitan Henri Crolla. Il rencontre aussi Francis Lemarque, qui lui écrit des chansons.

La scène, c'est son refuge, son gagne-pain plein de dangers, où il soigne ses entrées. Depuis des années, il fait des succès à la scène. Même en période de guerre. Guetté par le STO, le travail obligatoire, il s'enfuit à Paris. Il trouve un engagement à l'ABC et dès le premier soir, malgré le trac, c'est un triomphe. Et c'est bientôt les cloches de la Libération.

Edith Piaf, au sommet de sa gloire, a besoin d'une vedette américaine, pour le début de son récital. Le nom de Montand lui vient à l'oreille. Elle est enthousiaste. Il est engagé, et dès lors, c'est une histoire d'amour. Elle a six ans de plus que lui mais elle est très jolie. Il se laisse aimer et aime à son tour.

Ils partent ensemble en tournée. Mais l'histoire d'amour finit brutalement. Edith le plaque pour le petit chanteur des Compagnons de la chanson. Le succès de Montand lui a fait de l'ombre. Il continue seul.

Plus tôt, encore, il abandonnait la coiffure pour entrer dans la métallurgie. Six mois à l'usine, le métier est dur, mais l'environnement est chaleureux. Montand apprend la fraternité. L'héritage communiste de son père est encore présent, les idées socialistes le pénètrent. Il ne veut pas entrer au Parti mais il admire son père et son frère Julien, syndicaliste. Il a dix-huit ans.

Tous les samedis soir, des spectacles de fortune s'organisent, sous ses fenêtres. Julien le met au défi de chanter lui-même, il s'exécute. La première fois qu'il passe sur scène c'est devant trois rangées de chaises. La peur lui donne des ailes. Sa première chanson personnelle, « Les cowboys près du bivouac » lui apporte une ovation. Il travaille sa gestuelle avec un vieux professeur de danse. Le spectacle est total. Il shampouine encore pour sa sœur, coiffeuse. Il coupe, frise, défrise. Mais déjà, il rêve de cinéma. Il va voir Fred Astaire, il apprend les claquettes.

Son père, italien, a été contraint à l'exil mais lui, qui s'appelle encore Ivo Livi, va bientôt devenir Yves Montand.

Yves Montand est mort à 70 ans d'un infarctus. La biographie de Sandro Cassatti (Cité Éditions 2011) a fait rêver tous ceux qui l'aiment encore.

Simone Signoret

1921 – 1985

Simone Signoret souffre d'un cancer du côlon et elle le sait. Ces dernières semaines, de plus, elle est devenue aveugle. La voilà soudain en train de revoir sa vie, en un éclair et à rebours.

À cette époque, son manque de discipline corporelle, comme elle l'appelle, et la fréquentation quotidienne de « Monsieur Johnny Walker », comme l'appelle sa fille Catherine, ont épaissi sa taille. Mais elle accepte de vieillir, même au cinéma. Elle vient de tourner le rôle de Madame Rosa, dans « La vie devant soi », d'après le roman d'Émile Ajar, le second prix Goncourt de Romain Gary. Son personnage est celui d'une vieille juive rescapée des camps. Le film de Moshé Mizrahi a été un succès.

Simone a pris goût à l'écriture en réécrivant « La nostalgie n'est plus ce qu'elle était ». Après Thérèse Humbert, une série télévisée qu'elle a adoré tourner, elle revient à ses cahiers pour un gros roman de 500 pages, « Adieu Volodia ». C'est une histoire de famille qui se poursuit de génération en génération. La presse unanime accueille le roman comme une véritable œuvre littéraire. Les journalistes s'étonnent. L'actrice est devenue écrivaine, son livre est une sorte de recherche de ses aïeux perdus. Ce n'est pas seulement un témoignage, c'est un acte politique.

Des actes politiques, Simone en a fait beaucoup, depuis longtemps. Elle soutient les dissidents contre les abus des autorités gouvernementales qui entravent la presse et la télévision. En 1963, elle a pris parti pour George Semprun lorsqu'il s'est fait exclure du Parti Communiste. On la retrouve en première ligne chaque fois qu'il faut faire entendre ses convictions.

Sur le plan privé, l'infidélité de Montan l'a galvanisée. Elle a tenu tête au harcèlement médiatique en gardant sa dignité. L'histoire avec Marilyn est encore douloureuse mais elle a poursuivi sa carrière à Hollywood où elle compte beaucoup d'amis.

Avec Costa-Gavras, elle joue dans « Compartiment tueurs » puis tourne « L'aveu » où elle se supporte mal dans un rôle d'accusatrice des régimes de l'Est. Simone n'a jamais été communiste mais elle en partage les idées. Montand et elle apparaissent comme des consciences vigilantes, de celles qui sont sur tous les fronts pour défendre les exclus, les victimes de privations de liberté. Cela n'empêche pas Simone de jouer dans des films non engagés. Elle tourne pour Granier

Deferre « Le chat » avec Gabin comme partenaire, et « La Veuve Couderc » avec Alain Delon.

Bientôt c'est le début des enregistrements pour « La Nostalgie... » Simone raconte sa vie devant Maurice Pons, chargé de la rédaction. Le travail sur ce livre se déroule sur trois années. Quand elle est mécontente du résultat, elle réécrit l'ouvrage.

1959, c'était enfin le voyage en Amérique. Depuis que Yves et Simone avaient signé l'appel de Stockholm contre l'arme nucléaire, ils étaient devenus indésirables outre atlantique. Cependant, un soir d'automne de l'année précédente, un entrepreneur américain est venu leur proposer un récital à Broadway et un visa pour les États-Unis. Mission accordée avec beaucoup de difficultés étant donné les positions de gauche du couple. À New-York, cependant, l'accueil du récital de Montand est triomphal. Le spectacle est dans tous les journaux et Montand est retenu pour une semaine au Canada, puis une autre semaine à Hollywood et une dernière à San Francisco. Pour Simone, c'est la Fête américaine. Elle fait venir sa fille, Catherine Allégret, et l'inscrit au lycée français. Georges Cukor a en projet de tourner un film avec Montand et Marilyn Monroe, « Le milliardaire » pour lequel il recherchait un acteur sachant chanter et danser. De plus, Yves Montand incarne la silhouette du « French lover ».

À Beverly Hills, le bungalow du couple Montand est sur le même palier que celui du ménage Arthur Miller et Marilyn. Les deux couples se croisent et l'amitié s'installe entre eux. Yves et Simone ont déjà croisé l'auteur dramatique pour sa pièce, « Les sorcières de Salem ». Simone remarque la fragilité de Marilyn et ses difficultés à vivre entre studios et engagements multiples.

Elle-même est nommée aux Oscars pour sa prestation dans « Room at the top », avec comme concurrentes Katharine Hepburn, Élisabeth Taylor, Doris Day et Audrey Hepburn. Montand attend dans un couloir le résultat des nominations. C'est Simone qui décroche ce symbole international d'excellence. Mais Simone n'est pas et ne sera jamais une star. Elle reçoit l'Oscar très simplement, et part en Italie pour un nouveau film. De son côté, Arthur Miller quitte Hollywood, Marilyn devient donc libre. Elle et Montand se retrouvent seuls. Marilyn en profite aussitôt pour faire des avances à Yves. C'est le début de leur liaison. Immédiatement, c'est le scandale. La presse internationale en fait ses gros titres. Les journalistes pourchassent Simone pour lui enjoindre de laver son honneur. C'est du harcèlement médiatique.

À son départ pour la France, Yves se monte très ferme à l'égard de Marilyn. Il accepte un verre de champagne d'adieu mais pas l'hôtel. Il assure Marilyn qu'il ne quittera pas sa femme. Tout au long de l'histoire, Simone est restée digne et indulgente. Elle répond même à un journaliste :

– Vous en connaissez beaucoup qui peuvent résister à Marilyn ?

Souvent prise en pitié, Simone reste calme mais elle travaille deux fois plus. Elle tourne avec de nouveaux réalisateurs pour leur donner leur chance. Elle signe le manifeste des « 121 » contre la Guerre d'Algérie. Elle accepte un film anglais, « Le verdict » avec Laurence Olivier, puis, l'année suivante, le rôle principal dans un film de René Clément. C'est au cours de ce tournage qu'elle fait la rencontre de Costa-Gavras.

Le voyage en URSS, en 1956, a aussi posé de nombreux problèmes au couple. Yves Montand avait donné son accord pour une tournée dans les Pays de l'Est. Ils devaient séjourner un mois en Union soviétique, puis une semaine dans chacune des démocraties populaires. Montand était le premier artiste de variétés à aller chanter en Russie soviétique depuis la Révolution d'Octobre.

C'est alors qu'éclate l'insurrection de Budapest et sa répression par les chars russes. Dans ces conditions, partir à l'Est devenait un acte politique. En France, le projet de voyage de Montand est très diversement commenté. L'anticommunisme se déchaîne. Pour braver toutes les oppositions, Montand se décide à partir quand même. Simone l'accompagne, en bonne compagne. Elle a rempli les bagages de tenues élégantes pour faire honneur à la France.

Au milieu du récital, un soir dans la loge de Montand, après la représentation, toutes les têtes du régime soviétique, Khrouchtchev, Molotov, et d'autres, invitent le couple pour un « petit souper ». Yves et Simone ont ainsi l'occasion de dire tout ce qu'ils ont sur le cœur, et ils n'y manquent pas. Le lendemain, ils en font le récit à Ilya Ehrenbourg qui les a invités dans sa datcha. La cause de la liberté aura avancé un peu à la suite de leur intervention.

Puis la tournée continue en Ukraine, Allemagne de l'Est, Tchécoslovaquie, Hongrie, Sofia, Belgrade et enfin Budapest, la ville du drame qui a tellement pesé sur le voyage.

Au retour, Simone reçoit un Academy Award pour « Room at the top ». Pendant qu'en France on est en pleine « Nouvelle vague », le cinéma anglais est plus discret. Le tournage a lieu à Bradford, tout près de la frontière écossaise. Pour Simone, c'est un souvenir chaleureux. Le film est bien accueilli aux USA et à Cannes, où Simone reçoit le prix d'interprétation féminine.

Le couple Montand-Signoret est alors au sommet de sa gloire. Quand elle se souvient de son passé, Simone a plaisir à se souvenir de leur rencontre. Elle a eu lieu à Saint Paul de Vence, dans la petite auberge, La Colombe d'Or, qui accueille les artistes. Simone était alors Madame Allégret mais c'est un mariage de cinéma. Ce qui les rapproche ce sont les films qu'ils ont tournés ensemble. Le point final de cette union est le surgissement de Montand. Ce jour-là, il est venu passer la soirée avec Bob Castella, son pianiste. Simone est venue se reposer, avec sa fille Catherine. Et c'est le coup de foudre. Pour Montand, c'est la plus belle femme qu'il ait jamais vue.

Elle sait qui est Montand dont elle a suivi le récital. Lui ne la connaît pas, il n'a pas vu ses films. C'est Simone qui l'invite à venir dans la petite maison qu'elle occupe. Il vient, ils font la sieste ensemble et ne se quitteront plus jamais.

En 1949, Montand a 28 ans, comme Simone. Il a connu un grand amour avec Edith Piaf. Quand elle l'a laissée tomber, en 1946, il s'est retrouvé très seul. De son côté Simone ne veut pas faire de peine à Yves Allégret, à qui elle dit tout. Mais Montand n'accepte pas le partage. Il veut vivre avec elle. Il demande à son agent de lui arranger une petite tournée de 15 jours. Quand il reviendra, il faudra que Simone soit libre, sinon, il rompt. Au retour, c'est elle qui s'installe chez lui avec Catherine et qui demande le divorce.

Ils cherchent un appartement et en trouvent un Place Dauphine, une des plus jolies places de Paris. C'est tout petit et bas de plafond, ils l'appellent « la roulotte. » La vie s'organise. Quand le frère aîné d'Yves, Julien, doit quitter Marseille avec sa femme, ils emménageront au cinquième étage, au-dessus. En attendant qu'ils déménagent en grande pompe quand les deux frères ne s'entendront plus.

Montand est au music-hall presque tous les soirs. Simone

joue les groupies, elle l'aide à se maquiller, elle assiste aux répétitions. Elle est passionnée. Pourtant elle tourne encore, dans « La Ronde » de Max Ophuls avec Serge Reggiani, Daniel Gelin et Danielle Darrieux. Elle joue encore une prostituée, une de plus. Le film est jugé scandaleux mais les connaisseurs sentent qu'ils ont affaire à un grand film.

En 1951, c'est le mariage à Saint Paul de Vence, après deux années de vie commune. Yves est engagé par Clouzot pour tourner « Le Salaire de la peur ». La carrière de Simone est relancée par Jacques Becker pour le film « Casque d'Or » une histoire de mauvais garçons où Simone peut mettre en valeur sa beauté particulière. Reggiani joue Manda, le personnage principal et Simone interprète une prostituée rachetée par l'amour. Le film a peu de succès, sauf auprès des cinéphiles. « Casque d'Or » campe Simone en star, en amoureuse, ce qu'elle est vraiment, et en mère courage, ce qu'elle va devenir. Elle est ensuite engagée pour « Thérèse Raquin », d'après le roman de Zola. Pour la première fois, Simone ne joue pas une prostituée mais la jeune provinciale, amoureuse d'un camionneur, Raf Vallone, qui fait entrer l'air frais dans son univers rétréci.

Le Salaire de la peur sort avec un immense succès. Clouzot appelle Simone pour lui faire jouer « Les Diaboliques ». En même temps, elle travaille avec Montand sur la pièce d'Arthur Miller « Les sorcières de Salem ». La version filmée connaît elle aussi un succès considérable.

Montand achète la maison d'Auteuil, une demeure bourgeoise qui lui donnera toujours le remords d'être « arrivé ». Simone, elle, paie la piscine. Puis, elle va passer trois mois au Mexique pour tourner « Mort en ce jardin » de Luis Buñuel. Elle est fière de travailler avec ce metteur en scène prestigieux. De plus, elle adore le Mexique, fait les boutiques, rapporte des cadeaux.

Pourtant, les débuts de Simone n'ont pas été faciles. Elle a dû faire de la figuration pendant de nombreuses années. Elle passait de « figurante » à « silhouette » pour revenir à la case « figurante ». Une fois le bac en poche, elle n'a pas voulu poursuivre des études qui ne l'intéressaient pas, elle voulait travailler. Elle était jolie, avec sa bouille un peu ronde, ses yeux en amande, ses cheveux cuivrés. Elle a tout juste vingt ans quand elle se rend au Café de Flore et découvre une nouvelle vie. Les gens qu'elle fréquente alors ont la liberté pour modèle. Simone s'ouvre à la vie adulte. Dans un Paris sous l'Occupation, voué aux « restrictions », elle rencontre Roger Blin, l'acteur de théâtre ainsi que « Bubu », Raymond Bussières. Elle croise aussi Mouloudji qui fréquente son ancien prof de philo, Jean-Paul Sartre, qui s'affiche avec une belle blonde, Simone de Beauvoir, elle aussi professeur de Philo. Un jour elle se retrouve assise entre Picasso et Dora Maar. Le Paris de l'époque n'est pas seulement celui des vaches maigres mais aussi celui de l'antisémitisme, or Simone est juive par son père. Quand son travail aux Nouveaux Temps devient intenable, elle démissionne. On aime bien Simone, parce qu'elle est rigolote. Son premier amant sera le séduisant Daniel Gelin, un acteur qui a tenu un petit rôle dans « L'assassin habite au 21 » de Clouzot. Mais ils ont le même âge, et il se trouve trop jeune pour elle. C'est alors qu'elle fait la première vraie rencontre de sa vie, Yves Allégret. Il a 36 ans, elle en a 21. Il a deux films à son actif. Son frère Marc, de sept ans plus âgé, a plusieurs longs métrages et c'est une personnalité respectée du cinéma. Simone est éblouie. C'est une famille d'intellectuels de gauche, des résistants. Aux batailles de la Libération participe ce que Simone appelle en riant « Le maquis Allégret » Le petit groupe d'amis, avec les parents de Serge Reggiani, la jeune Danièle Delorme, dont la mère a été déportée, tous se rassemblent dans une vaste maison, « La Sapinière », en Haute Marne. Simone est enceinte mais son petit garçon meurt quelques jours après sa naissance, un deuil qui laisse des traces. Elle sera mère un an après la disparition de son enfant. Elle met au monde une petite fille, Catherine. C'est Yves Allégret qui lui donne ses premières chances, un vrai rôle dans le film « Les démons de l'aube », puis l'installe dans un rôle de prostituée dans « Macadam ». Prostituée encore dans « Dédée d'Anvers », le film qui la lance après plusieurs années de figuration. La dernière année de collaboration entre Allégret et Simone sera « Manèges », alors que leur rupture est déjà consommée. A 25 ans, elle connaît la notoriété. Elle est belle, alors, très belle, avec ses cheveux en rouleaux qui la rendront célèbre.

A seize ans, elle avait pour professeurs Daniel Rops, puis Jean-Paul Sartre, alors auteur de « La Nausée ». Sa mère est sans profession, mais très active et déjà imbue des Droits de la femme.

Elle a neuf ans lorsqu'elle s'épanouit dans le rôle de sœur aînée, après la naissance de ses deux petits frères. Elle acquiert alors un sens de la responsabilité qui sera sa marque.

Simone Signoret est morte à 64 ans. La biographie d'Huguette Bouchardeau la restitue dans toute sa complexité (Ed. Flammarion).

Gérard Philipe

1922 – 1959

Depuis deux ans à la tête du Syndicat des Acteurs français, Gérard a beaucoup donné de sa personne. Il est fatigué. Son épuisement persiste pendant ses vacances dans le Var. Et le voilà qui s'interroge sur sa vie, et la voit défiler dans sa mémoire, en un éclair et à rebours.

Les années qui viennent de s'écouler ont été fertiles en créations, aussi bien au cinéma qu'au théâtre. 1955, « Les grandes manœuvres » avec Michèle Morgan sont un grand succès public. C'est aussi l'année où Gérard impose sa mise en scène de « Till L'espiègle », sur laquelle il travaille depuis longtemps. Un voyage en Union soviétique consolide la fraternité des Français avec le peuple russe. Grâce à « Fanfan la tulipe », la popularité de Gérard l'a précédé et c'est un accueil enthousiaste qui lui est fait à Moscou et à Leningrad.

En 1956, il est père pour la deuxième fois. C'est un garçon, Olivier. Pour le tournage de Till L'espiègle, il a planté la caméra en Suède. Le scénario comporte des scènes sur les étangs gelés. Le film est la chronique de l'occupation des Pays-Bas par l'Espagne, qui n'est pas sans regards sur l'actualité récente en France. Mais Gérard est troublé, souffrant. En Hongrie, l'insurrection a gagné tout le pays. L'Armée rouge entre dans Budapest. Gérard signe une protestation, comme Sartre, Beauvoir, Roger Vaillant, Vercors et d'autres. L'année suivante, c'est le film sur Modigliani, « Montparnasse 19 », et le voyage à Pékin, qui fait tellement plaisir à Anne Philipe, qui s'y est rendue dix ans plus tôt pour son grand voyage en Asie.

De Pékin, on est passé à New York, puis San Francisco et Los Angeles. Mais en France, le monde syndical s'agite. Une scission a fait de Gérard le Président du Comité National des Acteurs (CNA), avec Signoret, Montand, Blier, Danièle Delorme et bien d'autres.

Mais Gérard pense sérieusement à retourner au TNP, le Théâtre National Populaire, la grande œuvre qu'il a menée avec Jean Vilar. Malgré ses responsabilités syndicales, il tourne plusieurs films, « Pot bouille », « Le Joueur », « La vie à deux ». Puis, l'année suivante, il a commencé les répétitions des « Caprices de Marianne », avec Jean Vilar. C'est la pièce de Musset qu'il a choisie pour sa rentrée au TNP.

Épuisé, il a maigri, pâli. En Avignon, pour sa rentrée, le beau temps n'est pas de son côté. Le mistral lui arrache les répliques de la pièce. Heureusement, le public est fidèle.

Les vacances à la Rouillère, le domaine de la famille d'Anne, le remettent d'aplomb. Les enfants crient à tue-tête le soir dans leur lit pour que leur père vienne leur faire son numéro. Et c'est une joie dont Gérard ne se passerait pour rien au monde.

Le TNP entame une longue tournée en Amérique du Nord, avec un répertoire français : Hugo, Musset, Marivaux. Seul étranger admis : Pirandello. Puis, c'est la saison d'hiver à Chaillot. Gérard n'a même pas eu le temps de souffler. De Gaulle a mis Malraux à la culture. La France est divisée en huit régions. C'est l'épanouissement des compagnies régionales et l'ouverture des premières Maisons de la culture.

Les premières années 1950 ont été plus calmes. Il a signé avec Anne, qui s'appelait encore Nicole Fourcade, l'Appel de Stockholm, contre l'arme nucléaire. Tous les artistes ont signé, les peintres, les musiciens, les comédiens. Gérard s'est engagé aussi dans le Mouvement pour la paix. Il milite le soir sur les estrades avec Montand et Signoret.

Il tourne un sketch avec Danièle Delorme, « Souvenirs perdus ». Avec Nicole Fourcade, il s'installe dans le Val d'Oise. Nicole y peaufine son documentaire sur l'Asie. Son fils Alain, 10 ans, y vient souvent en week-end. Ils appellent leur pension « Le Moulin de la Chanson ». Gérard a appris à conduire et acheté une vieille Ford. Pourtant, les finances sont défaillantes. Le film de Marcel Carné, « Juliette ou la clef des songes » ne trouve pas son public. Gérard repense à Vilar, qu'il a refusé l'année précédente. Il va le voir au théâtre où il joue Henri IV, de Pirandello. Cette fois le ton a changé, c'est Gérard qui vient en demandeur. Vilar n'a ni théâtre ni compagnie. Tout juste le Festival d'Avignon. Mais il a une grande idée : rendre le théâtre populaire. Faire baisser le prix des entrées en supprimant les galas, les premières. Ensemble, Gérard et Jean cherchent une salle où mettre en œuvre ce grand projet. Et Vilar remet un manuscrit à Gérard : Le Prince de Hombourg, de Kleist. Gérard s'en saisit. Mais Vilar n'a pas terminé : et « Le Cid » ? Gérard baisse la tête et sourit. Va pour « Le Cid » aussi.

Les répétitions commencent en mai. Tous les soirs, Rodrigue et Chimène s'aiment et se déchirent. Gérard cherche la flamme. Lui-même pense qu'il n'est pas fait pour la tragédie. A-t-il eu raison d'accepter Corneille ? Vilar ne dit rien. Il laisse les acteurs trouver leur personnage. Mais il martèle le sol, comme un danseur de tango. Gérard en fait autant. Ils rient. Le ton est trouvé.

Il y aura trois pièces en Avignon : « Le Prince de Hombourg », « Le Cid » et « La Calanderia du Cardinal Dovizzi, une comédie pour faire rire les Papes. Hombourg est un drame patriotique que Kleist a écrit un an avant sa mort. La comédie du Cardinal nous montre Gérard en travesti de courtisane. Le public a beaucoup ri.

René Wheeler et René Fallet, assistés d'Henri Jeanson, proposent à Gérard un film : « Fanfan la Tulipe ». C'est une farce historico-comique, pleine de rebondissements. Gérard accepte. Il joue « Le Cid » dans une Cité-jardin de Suresnes, dans la banlieue Ouest de Paris. C'est l'ouverture de la grande aventure du TNP. La critique est favorable, à l'unanimité. Le nouveau Cid est Gérard Philipe, la pureté même.

Le 29 novembre, Gérard épouse Nicole Fourcade, qui devient Anne Philipe, à la mairie, dans la plus stricte intimité. 1952, il tourne un sketch des « 7 péchés capitaux », puis « Belles de nuit », de René Clair, un joli film sur les rêves d'un jeune homme. Il porte bien le costume car il est grand, 1,83 mètre, et il a le buste long. « Fanfan la Tulipe » est distribué partout dans le monde et lui fait une réputation internationale.

Gérard s'essaie à la mise en scène, celle de « Lorenzaccio », plutôt bien accueillie. Dans la cour du Palais des Papes, c'est gagné. Une grande tournée européenne, Suisse, Allemagne, Italie. À chaque étape, le succès est au rendez-vous. Encore des tournages « Les orgueilleux » au Mexique, « Monsieur Ripois » à Londres. Un autre voyage, cette fois au Japon, pour voir le cinéma japonais dont il est très friand. De retour en France, 1954, Il crée « Ruy Blas » de Victor Hugo, où sa fougue et sa jeunesse renouvellent les vers romantiques. Ce n'est pas Hugo que le public acclame, c'est bien Gérard Philipe, ce nouveau héros des temps modernes. Il fait ce qu'il peut pour échapper au flot de l'admiration qui monte vers lui. Ses amis même s'abstiennent de parler pour respecter son intimité. Justement Anne attend un enfant. Ils achètent un domaine à Cergy Pontoise et y cachent leur amour. Mais cette demeure a besoin d'être rénovée. Ils vivent dans les coups de pelle et de marteaux.

Alain Fourcade, le fils d'Anne, vient vivre avec eux. Quatre à cinq hectares de parc, de beaux arbres, un potager, des serres vitrées, des arbres fruitiers, c'est bien une gentilhommière dans laquelle ils vont vivre.

Les difficultés sont multiples pour la réalisation du « Rouge et le Noir » d'après Stendhal. Danielle Darrieux, qui joue Madame de Rénal, est parfaite mais les problèmes techniques avec la couleur sont ardus. Il faut tourner à nouveau la scène où Gérard saisit la main de Danielle sous la table. Scène capitale. À l'arrivée, le film est trop long, il faut couper. La censure s'en charge.

L'enfant est arrivée la dernière semaine de l'année. L'appartement de Paris est trop petit, il faut en changer. Et c'est rue de Tournon, en plein centre historique, qu'ils s'installent avec la petite Anne-Marie.

1947, « La chartreuse de Parme » est le premier film français tourné entièrement en Italie. Grosse production, gros budget. L'adaptateur, Christian-Jaque, tire volontiers vers l'action et le mouvement au détriment de l'esprit stendhalien. Gérard se lie d'amitié avec Maria Casarès mais il n'oublie pas Nicole qui est en Asie. Mélancolie qui n'empêche pas Gérard de faire des farces. Chassé de l'Albergo, il se retrouve à l'hôtel Éden. « Le diable au corps » a des difficultés avec la censure. Les associations catholiques font rage contre lui. Il faut couper certains passages. Cocteau intervient de toute son autorité. Nul n'ignore qu'il était l'amant de Radiguet quand celui-ci a écrit ce roman. Le film est sauvé quand Gérard se voit décerner le prix d'interprétation. Le succès s'affirme à Bruxelles comme à Paris. Claude Autant-Lara félicite son interprète. Il pense déjà au « Rouge et le Noir » et l'écrit à Gérard pour en faire son Julien Sorel. Mais Gérard ne veut pas tourner deux Stendhal d'affilée. Il lui faut du temps. Le tournage de « La chartreuse » est atroce. Il s'éternise sous le soleil de juillet. Les comédiens souffrent le martyre avec leurs lourds costumes sous la canicule.

L'espace d'un instant, l'amitié de Gérard avec Maria Casarès s'est changée en liaison. Il monte avec elle une pièce de Pichette qui obtient un certain succès au théâtre des Noctambules. « Les épiphanies » ne vivront qu'une saison.

Quand « La chartreuse de Parme » sort sur les écrans, Gérard est déjà sur autre chose. Il monte « une si jolie petite plage », une pièce qui respire le désespoir absolu, avec Maria Casarès encore. Bientôt, c'est la rencontre avec René Clair qui a signé, à l'époque du muet, des films dont on se souvient : « Sous les toits de Paris », « Le million ». Cette fois il a en projet une histoire qui sera aussi une interrogation sur la science et ses dangers, « La Beauté du diable ». Rencontre avortée, car Gérard veut lire le scénario avant de tourner, ce que René Clair prend très mal. Les deux hommes se tournent le dos.

Le grand acteur Jean Vilar a déjà son idée en tête. Directeur artistique de la « Semaine d'Art » à Avignon, qui sera le futur festival, il mène l'expérience de monter des pièces sans décors, avec des bidons et des poutrelles sur des tréteaux de fortune. Son idée, qu'il tient encore secrète, est de monter « Le Cid » avec Gérard Philipe. Gérard dit non, la première fois. Il ne se trouve pas très doué pour jouer la tragédie. Mais il revient lui-même sur le projet.

Nicole Fourcade est revenue d'Asie et Gérard est plus amoureux que jamais. Il s'installe avec elle à Neuilly. Le bois de Boulogne s'étend à leurs pieds.

1943, c'est la guerre. Il se fait réformer pour raison de santé. Il est fragile : 65 kilos pour 1,83 mètre, c'est trop peu. Il fait ses premiers pas au cinéma avec Yves Allégret, le frère de Marc. Il joue un petit rôle dans un groupe de personnages. Puis, retour à Nice où les horaires de tournage lui permettent de passer ses après-midis à la plage. Chaque jour, il arrive au studio avec ses grands bras et les agite pour faire rire tout le monde. Il séduit déjà son public.

Quand le film se termine, Gérard est attendu à Paris pour les représentations de « Sodome et Gomorrhe », de Giraudoux. Il joue le rôle de l'Ange. Cela lui va parfaitement. Comme il n'est pas encore majeur, c'est son père qui signe le contrat. Lise Delamare est frappée par la grâce du jeune homme, par sa pureté. Edwige Feuillère a l'impression de voir un personnage de Donatello, le soir de la première. Le 11 octobre 1943, L'Ange radieux a enlevé le théâtre Hébertot avec son charme un peu penché, sa voix nasale, souvent cinglante. Jean Cocteau dans son Journal note son nom, Gérard Philipe. Celui-ci embrasse longuement, entre deux scènes, sa petite amie du moment, Bernadette Lange. Son maillot blanc, qui le moule étroitement, ne cache rien du désir qu'il ressent pour la jeune femme. On s'esclaffe dans les coulisses.

Gérard est inscrit au Conservatoire. En même temps il joue à la scène « Sodome et Gomorrhe » qui remporte un grand succès. La guerre ne semble pas le préoccuper. Mais en 1945 il entend l'appel du Colonel Rol qui cherche des volontaires pour nettoyer Paris des Allemands qui y restent. Il s'engage et fait sa guerre honorablement.

Dans Paris libéré se cache Marcel Philip, le père de Gérard, accusé de collaboration. L'épuration fait rage. Femmes tondues, marquées à l'encre d'une croix gammée. Marcel est condamné à mort par contumace. Gérard tremble pour lui. Ses examens au Conservatoire sont un échec. Il en a assez des rôles angéliques, il veut jouer des méchants. Il apprend le « Caligula » de Camus. Après l'ange, le démon. Il parvient à ses fins en remplaçant un « Caligula » défaillant.

Dans ce Paris de l'après-guerre, tous les Parisiens vont au théâtre. On va voir Gérard Philipe jouer « Caligula » à Hébertot. Gérard tourne bénévolement pour Alain Resnais un court métrage. Il tourne aussi « L'idiot » de Dostoïevski, un rôle qu'il s'était promis depuis longtemps. Pendant la journée, il est le Prince Mychkine et le soir Caligula. Il est jeune pas fatigué, mais ravi. Il mange deux fois plus pour garder ses forces. « L'idiot » est sa première vraie expérience de cinéma. Toute une génération va se reconnaître en lui. Le film sort en 1946 sur les écrans, les critiques sont nombreuses mais il a réussi le prodige de ne pas écraser les autres interprètes.

Micheline Presles, la nouvelle jeune fille du cinéma, est pressentie pour jouer dans « Le diable au corps », d'après le roman de Radiguet. C'est elle qui impose Gérard Philipe pour le rôle masculin. On lui recolle ses oreilles à la cire, mais il les décolle d'un seul mouvement de la main. Le tournage a lieu de septembre à novembre de cette année 1946 fertile en événements. La mère de Gérard divorce, c'est donc à lui de s'occuper d'elle. Adieu, Saint Germain des Prés. Il trouve un appartement de trois pièces rue de Tocqueville, dans le 17ème arrondissement. Sa maman vient le rejoindre. Gérard est maintenant un jeune premier crédible. Il envoie des photos dédicacées à toutes ses admiratrices.

« Minou » bien installée, il est temps de rallier Rome où se trouve l'équipe de « La Chartreuse » Le « Diable » est au montage, Gérard en a vu une projection, il est rassuré.

On s'apprête à tourner « Les cadets de l'Océan ». Jean Dréville cherche des visages nouveaux. Gérard se présente avec le monologue de Fantasio. Il fait sensation. Il ne sera pas retenu mais il est dopé par son succès et sa vocation s'affirme. À Nice, il est engagé par Louis Ducreux qui a remporté un grand succès avec une pièce de Roussin. C'est le père de Gérard, déjà, qui signe le contrat. Et c'est le début de son long compagnonnage avec les héros de Musset. Le débutant s'y révèle exceptionnel.

En 1940, l s'était inscrit, sur la demande de son père, pour des études de droit. Mais soudain il annonce qu'il veut être acteur. Il a rencontré Marc Allégret qui l'envoie prendre des cours de comédie. Il habite encore au Parc Palace, un caravansérail qui appartient à son père et où sa mère tire les cartes pour ses invités.

En 1936, à 14 ans, il a perdu sa grand-mère qu'il aimait beaucoup. Il se souvient l'avoir embrassée sur son lit de mort, avec un frisson.

Gérard Philipe est mort à 37 ans d'un cancer du foie foudroyant. La biographie de Gérard Bonal le présente dans tout son charme et sa complexité. (Éditions du Seuil).

Marilyn Monroe

1926 – 1962

Marilyn s'est envolée pour New-York afin de participer à la soirée de gala d'anniversaire de John Kennedy. Elle lui susurre, comme à l'oreille « Happy birthday, Mister President » et voilà le scandale qui éclate. Et Marilyn se retourne sur sa vie, en un éclair et à rebours.

Depuis qu'elle connaît Arthur Miller, elle rêve de l'épouser. Et elle y est parvenue. Mais cette médaille a son revers. Il a écrit une nouvelle, « Les désaxés » et lui a offerte en cadeau d'adieu. L'héroïne lui ressemble beaucoup et Marilyn n'aime pas son portrait. Arthur s'est servi de sa vie privée pour son œuvre, c'est cela qu'elle ne lui pardonne pas.

Pas plus que de l'avoir obligée à tourner alors qu'elle était enceinte, et voulait, cette fois, garder son enfant. Le besoin d'argent pressait le couple, c'est pourquoi elle a dû accepter, dans « Certains l'aiment chaud » le rôle le plus bête de sa carrière. Elle a fait une fausse couche à la fin du tournage. Le soir même, elle avalait deux tubes de somnifères, une nouvelle tentative de suicide.

En 1959, pour le tournage des « Désaxés » Arthur lui a offert un partenaire en or. Clark Gable. Elle avait toujours rêvé de tourner à ses côtés. Mais auparavant, elle doit encore un film à la Fox. Ce sera « Le milliardaire » avec Yves Montand. Un Français qui a le vent en poupe.

Miller et Marilyn savent déjà que leur mariage est fichu, et pas seulement eux. Elle l'insulte en public. Les Montand et les Miller s'installent dans des pavillons voisins. Ils sympathisent. Puis Simone doit partir tourner en Italie. Elle sait déjà tout. Miller s'éclipse de son côté. Voilà Yves et Marilyn seuls tous les deux et ce qui doit arriver arrive. Toute la planète est au courant. Marilyn est heureuse, amoureuse. Mais il y a Simone. Montand mesure ce qu'il perdrait s'il répondait à l'amour de Marilyn. Il prépare son départ. Quand le tournage s'achève, il boucle ses bagages et rentre à la maison. Marilyn replonge dans la boisson. Nouvelle tentative de suicide aux médicaments. La tension est à son comble. « Miller quitte Marilyn » traduisent les journalistes. Il reste à l'actrice ses rendez-vous avec les Kennedy mais cela est top secret.

Marilyn a 35 ans. Son visage est dévasté par l'alcool. Elle se fait hospitaliser au pavillon psychiatrique du Cornell Hospital. Avec les fous ! Elle a peur, elle crie. On lui passe la camisole de force. C'est complet ! Joe Di Maggio, appelé à la rescousse, parvient à la sortir de là. Désormais, elle aura le

Docteur Greenson à sa botte, pour un paquet de dollars. Elle le voit chaque jour. Celui-ci l'oblige à prendre une dame de compagnie. Ce sera une ancienne infirmière psychiatrique qu'il connaît bien. Joe propose à Marilyn de l'épouser à nouveau. Elle refuse. Elle achète une maison mexicaine à deux pas de celle de son psychiatre. Elle couche avec tout le monde, ouvriers, jardinier. Elle ne peut vivre qu'avec un homme dans son lit, tant elle a besoin d'être désirée.

Désirée, elle l'a toujours été, mais cela ne lui suffit pas. Elle veut être aimée mais c'est beaucoup plus difficile. Elle est aimée un temps, puis on se lasse d'elle, de ses exigences. Arthur Miller, et les autres, étaient fiers de se balader avec à leur bras la plus belle femme du monde. Elle se voulait en plus la plus grande actrice du monde. Elle l'a presque été avec « Bus stop ». Dans ce film, c'était une Marilyn froide et concentrée, qui maîtrisait ses émotions.

Laurence Olivier, le prestigieux acteur shakespearien, est à New-York pour mettre en scène « Le prince et la danseuse ». Elle sera la danseuse. L'Actors Studio lui envoie Paula Strasberg pour l'assister. Cette femme de 50 ans, péremptoire, arrogante, se fait détester de tous. Mais elle rassure Marilyn qu'elle tient sous sa coupe.

En 1955, au cours d'une conférence de presse, Marilyn a annoncé la naissance de sa propre maison de production. Elle ne veut plus jouer les imbéciles heureuses, rôles dans lesquels la Fox la cantonne. Elle est entrée à l'Actors Studio, comme une vraie actrice, et a bien l'intention de le faire savoir. Mais le projet bat bientôt de l''aile, faute d'un meneur. La maison de production ne vivra pas longtemps.

En 1954, elle était enfin devenue Mrs Di Maggio. Là encore, leur mariage est un échec total. Ils s'ennuient ensemble. L'immense popularité de Marilyn rend fou de jalousie le champion de base-ball, et lui, il cogne.

Marilyn est fatiguée. On se sert de son nom pour faire passer des films sans intérêt ni pour elle, ni pour le public. Mais un jour, lors d'une réception, elle rencontre un jeune et brillant sénateur, John Fitzgerald Kennedy. Il a neuf ans de plus qu'elle et c'est une machine de guerre, comme elle. C'est la rencontre de deux bêtes solitaires, incapables d'aimer. Kennedy aime les proies faciles, vite prises, vite oubliées. Marilyn ne se souvient plus s'ils ont déjà couché ensemble, quand elle s'appelait encore Norma Jeane, et était passablement ivre. Lui non plus ne se souvient pas de ses innombrables conquêtes.

En 1954, elle est aussi célèbre que lui. C'est un sex-symbol universel. Le jeune marié – il vient d'épouser Jackie-et sénateur dévore des yeux la belle actrice pulpeuse et éclatante. Au point de provoquer la fureur de Di Maggio. Elle tourne alors « 7 ans de réflexion », un rôle moins bête que les autres. La voilà, dans le film, amoureuse d'un voisin marié et seul pendant les vacances. Mais quelque chose de triste est déjà passé sur son visage. Son deuxième mariage, avec Di Maggio, est un échec et elle n'attend toujours pas d'enfant. Le film est excellent, enlevé, drôle. Marilyn laisse sa robe se soulever au-dessus d'une bouche d'aération et toute l'Amérique s'embrase.

– Qu'est-ce que c'est que ce bordel ? Grogne Di Maggio.

Il fera payer Marilyn en cognant. Il était pourtant le premier homme pour lequel elle avait du désir. Le seul qui l'ait émue physiquement. Mais il était aussi macho, jaloux et irritable. À l'issue du film, Marilyn annonce son nouveau divorce en bégayant. C'est le deuxième. Puis elle disparaît, coiffée d'une perruque noire. Dans une Amérique encore puritaine, toute liaison sérieuse doit déboucher sur un mariage.

Elle apprend qu'elle va tourner « Les hommes préfèrent les blondes », la prochaine comédie musicale de Howard Hawks. Elle tourne « Niagara », un énorme succès. Le phénomène Monroe est en marche. Elle enchaîne avec « Comment épouser un millionnaire » un film qui l'enferme encore dans un rôle de femme stupide et vénale mais dans ce film, elle laisse éclater tout son talent comique. Puis c'est le mélancolique « La rivière sans retour » où son rôle est inconsistant. Grand succès quand même, avec Robert Mitchum.

Marilyn, au fond d'elle-même, est convaincue de son talent, voire de son génie. Elle est persuadée qu'elle est une grande actrice à laquelle on fait jouer des rôles insignifiants. Les succès faciles ne l'intéressent pas, elle voudrait tourner « Les Frères Karamazov ».

Elle a passé des années à tourner des petits films sans grâce, avant de percer. Elle a longtemps vécu des photos que les magazines achètent ; le fameux calendrier où elle est toute nue date de cette époque. Elle a posé pour 50 dollars. Les photos ne sont pas impudiques mais très érotisées. Comme tout ce qu'elle fait. Elle a longuement étudié des poses dans sa salle de bains, devant la glace, depuis qu'elle est très jeune, quand elle n'était encore que Norma Jeane.

Elle a croisé le meilleur agent d'Hollywood, Johnny Hyde, qui l'a transformée en femme fatale. Il paie son loyer et lui fournit les deux meilleurs rôles de sa jeune carrière, assortis d'un contrat de 7 ans avec la Fox. Il veut l'épouser, mais elle refuse, il est riche à millions mais elle ne veut pas dépendre d'un homme. Son rôle dans « Asphalt jungle » est très prometteur. Des milliers de jeunes gens demandent des photos sut lesquelles ils se masturbent. Hélas, Johnny meurt en 1951, la laissant au seuil de la gloire. Son nom avait commencé à circuler dans les milieux de cinéma. Elle fait une tentative de suicide, la première. La Fox augmente son salaire, ce qui la sauve. Elle a de l'argent désormais, elle est libre. Elle se paie une compagnie sous la forme d'une conseillère financière qui s'occupe aussi de sa mère qui est à nouveau internée. Elle est alors l'amante d'Elia Kazan, et rencontre Arthur Miller pour la première fois. Déjà, c'est lui qu'elle veut épouser, mais il est marié, il a des enfants. Un lien se tisse pourtant entre eux.

Son besoin d'amour est inextinguible. Elle sait comment attirer les hommes, elle ne sait pas se faire aimer. Elle demande trop et donne peu. Ils se lassent assez vite. Elle travaille beaucoup. Elle travaille ses rôles avec sa conseillère, Nathalie Lytess mais celle-ci se fait détester sur les plateaux car elle est la cause des retards de Marilyn. Elle tient la main de celle-ci pour les gros plans.

C'est alors que retentit le scandale du calendrier dans lequel elle a posé nue. Ses ennemis pensent que sa carrière est fichue. Elle réussit à retourner les choses à son avantage. L'Amérique entière la prend en pitié. Des tonnes de lettres arrivent qui lui envoient leur sympathie. Elle a gagné leur cœur. Son film « Le démon s'éveille la nuit » est un triomphe.

La jeunesse de Marilyn est à elle seule un livre – fleuve. Elle a été ballottée pendant des années entre les familles d'accueil et l'orphelinat. D'abord élevée par des voisins, auxquels sa mère, Gladys, donne 5 dollars par semaine, elle est ensuite emmenée à Hollywood par Gladys. Celle-ci est perturbée par la mort de son fils Jackie dont elle se sent coupable pour l'avoir abandonné. C'est l'origine de ses troubles. Son unique obsession : acheter une maison pour elle et sa fille.

Elle emménage en 1934 dans une petite maison dont tous les meubles sont blancs. Un piano blanc trône au milieu du salon. Mais Gladys est endettée, elle doit prendre des locataires. Le rêve de la maison blanche va durer seulement trois mois. Gladys craque, elle est emmenée à l'hôpital. La petite Norma Jeane s'isole, elle ne parle plus, sauf en bégayant. L'amie de Gladys, Grace Mc Kee, devient tutrice légale de Norma Jeane, mais même cela ne dure pas. Grace épouse un texan qui n'a que faire de la grande bringue adolescente qu'elle est devenue. Retour à l'orphelinat. Elle hurle. Elle n'a plus de nom, seulement un numéro.

A 12 ans, elle est grande et maigre, les cheveux bruns. Sa passion, c'est le cinéma. Elle rêve déjà d'être actrice. Sa scolarité est médiocre mais son corps se développe. Elle devient une proie pour les garçons. Certains la prennent pour une dévergondée, mais elle est sage. Elle a besoin d'être protégée. Il existe une solution : le mariage. Le jeune voisin, Jim, est d'accord. Il la trouve belle et désarmante. Moitié femme, moitié enfant, ignorante. Mais tout lui fait peur, les garçons qui tournent autour d'elle comme des loups. Il veut fuir, partir pour la guerre. Norma Jeane lui fait des scènes. Cette fois, elle l'a perdu. Il entre dans la Marine Marchande. Mais elle a vérifié que ses nichons pointus et ses fesses ondoyantes font bander tous les garçons autour d'elle. En attendant d'être une actrice célèbre, elle trouve du travail à plier des parachutes. Certains lui conseillent de s'inscrire dans une agence de mannequins. Tout va très vite alors, ses photos se retrouvent en couverture des magazines. André de Diennes, grand photographe, veut l'épouser. Mais elle est déjà mariée. D'ailleurs le mariage n'est pas bon pour un modèle, elle se veut libre. Devenue blonde, elle est prête à toutes les aventures.

Elle ne garde que des mauvais souvenirs de cette enfance qu'elle renie.

Marilyn Monroe est morte à 36 ans, suicide probable. La biographie d'Anne Plantagenet (Folio Gallimard) retrace sa vie difficile avec conscience.

Grace Kelly

1929 – 1982

En cette année de ses 52 ans, Grace est pensive. Sa ville natale, Philadelphie, lui a concocté » une exposition. C'est l'occasion de revoir ses films fétiches, « Fenêtre sur cour », « La main au collet », et « Le crime était presque parfait ». Mais est-ce bien elle, cette jolie femme décidée, qui ne s'en laisse pas compter. Et voilà l'actrice qui fait défiler les images de sa vie, en un éclair et à rebours.

Le cinéma, elle a dû y renoncer depuis longtemps déjà. Pourtant, la cinquantaine, c'est l'âge où les hommages masculins comptent double. Des galants dévoués, des amoureux transis, elle en a toujours eu. Plus que jamais, elle s'entoure de jeunes trentenaires maladroits. Et que deviennent ses enfants ? Caroline n'est pas très mature, elle se remet à peine de son divorce. Albert s'efforce de devenir un homme modèle. Il a l'art d'esquiver les paparazzis. Quant à Stéphanie, elle fume, elle essore les boites à bac, elle se coiffe à l'iroquois. Elle donne bien du souci.

Mais, des soucis, Grace en a l'habitude. La mort de son père, la crise avec De Gaulle, l'adieu au cinéma, toutes ses séquences négatives l'ont épuisée. Cela fait deux ou trois décennies qu'elle s'est transformée en Dame d'œuvres. Rainier l'y encourage. Elle visite l'hôpital local, l'orphelinat, la maison de retraite. Rainier l'a faite Présidente de la Croix Rouge locale. Elle secourt les victimes de guerre. Elle s'occupe aussi de l'AMADE, l'Association des amis des enfants, qui fait campagne pour la médecine et l'éducation dans les pays en voie de développement

Mais ces activités ne suffisent pas à remplir sa vie. Elle a souvent la tête ailleurs, au bord de la dépression. Rainier lui a fait un beau cadeau, un caméscope. Sur des images tremblées, les enfants prennent la vedette. Les petits Grimaldi au ski, à la mer, à la pêche... Des enfants comme tout le monde ? Presque. À l'office se pressent des dizaines de domestiques. On ne les voit pas sur les films et leur vie souterraine n'apparaît pas à l'écran.

1956, elle boucle une comédie « High society », qui sera son dernier film. Depuis dix années, elle n'a pas cessé de tourner. D'abord des petites séries pour la télévision, et des pubs. Son grand succès, la pub des cigarettes Old Gold. Une allumeuse est née. Elle joue aussi une scène dans une pièce de son oncle Georges, auteur dramatique. Elle se produit à Broadway, merveille ! Elle s'est installée à New York, dans la 66ème rue. Il faut payer le loyer, pas de temps pour les états d'âme. Le visage blond réapparaît chaque soir à la Télé. Elle reçoit ses premiers diamants, cadeaux d'un prince oriental qui veut l'épouser. Mais le père, le vrai, est toujours là pour défendre sa proie. Elle décroche un beau rôle dans le western du siècle avec Gary Cooper. Elle entre dans la légende. Ce film lui met le pied à l'étrier. C'est un triomphe planétaire. Elle est lancée, oui mais voilà, elle n'aime personne et personne ne l'aime. Une blonde glacée et glaçante. Elle a le bon goût de reprendre des cours de théâtre à New York.

1953, elle tourne « Mogambo » avec Ava Gardner pour rivale. L'atmosphère moite, étouffante, de l'Afrique tropicale. Clark Gable est sensible à ses hommages mais il n'a que faire d'elle. Il n'est question que de sexe dans ce triangle festif. Elle enchaîne avec son premier film avec Hitchcock, « le crime était presque parfait ». Hitch se félicite d'avoir trouvé sa muse il lui destine également « Fenêtre sur cour ». Elle se sent aimée et elle est radieuse. Mais Miss Kelly est toujours solitaire. Dans ce film, c'est elle qui organise, qui décide. James Stewart, son partenaire, est immobilisé, une jambe dans le plâtre. Grace, en courageuse fiancée, détient la preuve de la culpabilité du voisin. Une bague, qui était celle de sa femme. Cet anneau que portait la femme disparue, c'est elle qui, à la fin du film, va se le passer au doigt. Le roman-photo est aussi une comédie sur la mode. Grace y est à l'aise, forcément sublime. Elle qui faisait, il y a peu de temps, les couvertures des magazines, est maintenant arbitre de toutes les élégances. L'année suivante, elle est sacrée « Femme de l'année » avec une couverture de « Life » Courtisée bientôt par le couturier Cassini qui s'est juré de l'épouser. Il n'y parviendra pas. Elle tourne encore un Hitchcock, « La main au collet » avec Cary Grant, quel beau couple, dommage qu'il soit homosexuel. Le roi et la reine d'Hollywood descendent au Festival de Cannes. A New York elle emménage dans un deux-pièces sur la 5ème Avenue. Décidément, c'est l'année Kelly. Elle gagne en même temps un Oscar et un diadème. L'Oscar c'est pour un petit film qui a plu aux critiques, « Une fille de la province ». Elle retourne au Festival de Cannes, seule. Elle a 25 ans, elle n'est pas mariée. La Côte d'Azur l'enchante. Des amis lui disent que le Prince Rainier est amoureux d'elle. Il serait enchanté de lui faire visiter les jardins du Palais de Monaco. Incarnation de la « Café Society »d'une Amérique pudique, Grace est l'interprète idéale du casting monégasque.

Et le Prince ? Il est charmant, dit-elle. Retour à New York. Le père, cette fois, ne trouve rien à redire à ce nouveau promis. Le montant de la dot sera à la hauteur de la dette de la Principauté : deux millions de dollars. Le plus désagréable, c'est le test de fertilité de la future mère. Grace est sur un nuage. Elle sent qu'elle doit se contraindre à l'étiquette. Mariage civil dans la salle du trône. Elle n'a qu'un mot à dire : « Oui ».Robe de soie rose assortie à ses gants. Soirée de gala, diadème de rubis et vison blanc sur les épaules nacrées. Elle resplendit. Mariage religieux devant 1600 reporters. La fiancée apparaît, au bras de son père. Mariage traditionnel. Rainier est en prince d'opérette, l'épée au côté et les médailles sur la poitrine.

Grace apprend à connaître sa belle-famille, les Grimaldi. Les ramifications généalogiques n'ont plus de mystère pour elle. Ce qu'elle préfère, c'est le prince, son enfance ballottée, victime. C'est comme ça qu'elle l'aime. Déjà elle s'attache à lui, à son enfance de pauvre jeune homme riche. Taiseux, timide, fuyant les mondanités, préférant les animaux aux humains comme en témoigne son zoo privé.

La jeunesse de Grace, elle ne l'a pas vue passer. 1945, l'Amérique sort de la guerre. Les mariages se multiplient. On danse beaucoup sur les chansons de Cole Porter. Grace est heureuse au bord de l'Océan. Elle séduit tous les garçons.

A 17 ans, elle a intégré l'Académie d'art dramatique de New York, au grand dépit du père qui ne peut plus la surveiller. Elle dort à l'Hôtel Barbizon, une pension coûteuse pour jeunes filles bien nées. Good bye Philadelphie. Le regard doux et myope de Grace est son meilleur atout. Tchékhov et Shakespeare sont au programme mais Grace préfère le théâtre contemporain. Son air de jeune fille bien élevée y fait merveille. Elle est amoureuse de son prof de théâtre. Il a des relations dans le show-biz. Avec lui, elle rencontre des metteurs en scène modernes. Le père la tient à l'abri des mauvais mariages. C'est un fan de McCarthy. Antisémite, misogyne, anti-communiste et fier de l'être.

Son enfance dorée dans une famille fortunée constitue le socle de son assurance et de sa confiance en elle. A onze ans, elle joue au tennis. Cheveux châtain, bras maigres, longues jambes hâlées. Toute la famille est sportive. A 13 ans, elle fait de la danse classique. Son corps s'assouplit, se délie. Elle aime la danse mais le verdict tombe : 1,68 mètre, c'est trop pour une ballerine. Leçons de musique, cours de dessin. La panoplie est prête.

Elle a lu « Les quatre filles du docteur March », Dickens, les Sœurs Brontë. Mais pas « Autant en Emporte le vent » Ce n'est pas une lecture pour les jeunes filles, a dit papa. Et Grace a déjà l'habitude d'obéir aux hommes.

Grace Kelly est morte à 52 ans des suites d'un accident de voiture. La biographie d'Elizabeth Gouslan « Grace de Monaco, la glace et le feu » met l'accent sur sa vie sentimentale.

Audrey Hepburn

1929 – 1993

Quand il apprit qu'Audrey ne pourrait voyager avec une ligne commerciale, son ami et couturier Givenchy affréta un jet privé où elle embarqua, avec sa perfusion et sa poire à morphine, Rob, Sean, une infirmière et les chiens. Dans l'avion, Audrey eut le temps de se retourner sur sa vie, en un éclair et à rebours.

Elle n'était pas encore divorcée, quand elle a rencontré l'acteur Robert Wolders, qui s'est consacré à elle. Ils vivaient à « La Paisible », une demeure suisse où ils étaient heureux. Mais il manquait quelque chose à l'active Audrey.

L'Unicef, fondé en 1946, avait pour mission de sauver des enfants, partout dans le monde. Audrey trouvait là un nouveau sens à sa vie. Ses fils avaient grandi, Sean avait 27 ans, Luca, 17. Elle était confortablement installée avec Rob, mais que devenait sa véritable inspiration ? Âgée de 58 ans, elle pouvait encore se rendre utile. C'est ainsi qu'elle devint Ambassadrice de l'Unicef. Huit jours après son inscription, elle partit pour l'Afrique avec Rob, dans le pays alors le plus pauvre du monde, l'Éthiopie. Elle prit dans ses bras des enfants qui mouraient de faim. Elle avait le cœur brisé et gonflé d'amour devant ces enfants malades de malnutrition. Elle écrivait ses discours elle-même, contrairement à d'autres ambassadeurs.

En 1988, elle visita les enfants pauvres du Venezuela et de l'Équateur. Puis elle parcourut l'Europe pour lever des fonds. Elle voyageait avec un passeport des Nations Unies, dont elle était fière. Mais chaque fois qu'elle donnait une conférence, elle avait les mains moites et la bouche sèche. Elle se rendit ensuite au Vietnam, en Thaïlande et au Bengladesh pour visiter les bidonvilles et organiser les programmes de survie pour les enfants.

En Somalie en 1992, c'était un cauchemar éveillé. Après la guerre civile, les enfants mouraient par centaines. Elle fit une série de conférences à Londres et parvint à en sauver beaucoup. C'est à ce moment-là que commencèrent ses douleurs abdominales.

Elle s'était enfin séparée de Mel Ferrer, son mari et c'est elle qui demanda le divorce. Mais son mariage était fichu depuis longtemps. Elle devint alors très solitaire, malgré ses deux femmes de chambre et toute la domesticité. Elle contracte de brèves liaisons qui ne la satisfont pas. C'est alors qu'elle fait la connaissance d'Andrea Dottin un psychiatre extrêmement séduisant. Il a dix ans de moins qu'elle mais elle néglige ce fait. Ils deviennent amants, et Audrey redevient heureuse. Ils se marient le 5 janvier 1969 et Givenchy lui fait une robe rose pour ce deuxième mariage. L'année suivante, elle accouche d'un petit garçon, son second fils, Luca. C'est cette année-là, au moment de noël, qu'elle fut approchée par l'Unicef pour la première fois. Celui-ci lui propose de réaliser une émission pour les enfants. Elle accepte et chante en compagnie d'enfants de toutes les couleurs.

Pressée par un besoin d'argent, elle tourne un film sur le monde enchanté de Robin des Bois. Son partenaire est Sean Connery. Son retour au cinéma est bien accueilli par la presse mais elle voit des photos de son deuxième mari, Andréa, en compagnie de jolies personnes. Elle accepte cependant ses infidélités pour sauver ce deuxième mariage, et son fils Luca. Elle tourne un film avec Terence Young, pour lequel elle est payée un million de dollars. Mais elle continue à fumer sans cesse, trois paquets par jour. Les critiques de « Liés par le sang », sont si mauvaises qu'elle est atterrée. Cela ne l'empêche pas de tourner encore un mauvais film, pour regonfler sa bourse jusqu'à la fin de sa vie. Puis elle s'occupe de sa mère, qui est mourante. Son père meurt aussi, quelques semaines plus tard.

En 1965, elle a décidé que son fils Sean doit faire une scolarité francophone. Mel et elle achètent cette grande maison près de Genève. C'est une demeure du XVIIIème siècle, avec de grands arbres. L'endroit est merveilleusement tranquille, c'est pourquoi ils l'appellent « La Paisible ». Elle tourne alors « Comment voler u million de dollars, avec Peter O'Toole. Mais elle fait une fausse couche, qu'elle prend très mal. Elle doit se reposer pendant plusieurs mois. Elle a une liaison avec son partenaire dans « Voyage à deux » mais elle craint de perdre la garde de Sean si Mel divorce.

Dans les années 1960, chacun de ses films est bien accueilli. En 1962, elle tourne « Charade », un délicieux thriller. Elle est pressentie alors pour tourner « My fair Lady » une comédie musicale sur le thème de Pygmalion. Elle prend des cours de chant mais la production engage une chanteuse professionnelle pour la doubler. C'est pourquoi elle n'est pas nominée à l'Oscar. La plupart des critiques sont élogieuses mais l'humeur d'Audrey est mauvaise. Son mariage avec Mel est désastreux. Dans l'espoir de le sauver, elle prend la décision d'accompagner Mel dans tous ses déplacements, avec Sean qui a quatre ans.

Ce qui l'attendait à New York en 1961, c'était le film « Diamants sur canapés », un film qui fait de son personnage, Holly Golightly, une reine du chic. La voilà désormais l'arbitre du bon goût dans toute la planète. Mais ce qui est déjà en train d'arriver, c'est que le talent d'Audrey dépasse celui de son mari, Mel. Elle continue à être très demandée, alors qu'on ne propose à Mel que des rôles médiocres.

En 1955, c'était pour elle, déjà, une consécration. Le couple rencontre King Vidor qui prépare une adaptation de « Guerre et paix » de Tolstoï. Audrey est pressentie pour jouer Natacha, tandis que Mel sera le Prince André. La Paramount leur fait un pont d'or. Audrey se sent indigne de tout cet argent. Elle se voit toujours comme une débutante. Vidor voulait réaliser pour « Guerre et Paix » une saga puissante mais le scenario ne suit pas. Le film durait trois heures mais il était plat et sans émotion. Néanmoins c'est un succès.

Après ce tournage elle enchaîne avec « Drôle de frimousse » pour lequel son partenaire est Fred Astaire. Ils dansent et chantent tous les deux, c'est un régal. Le tournage a lieu à Paris, avec une météo difficile. Mais tourner en

Europe est un grand bonheur pour Audrey. Suit un film raté, « Ariane » avec Gary Cooper, puis un film pour la télévision, « Mayerling » avec de nombreux personnages. C'est une tragédie intime qui aboutit à la mort des deux amants. Anatole Litvak recherchait lui aussi un couple d'acteurs, et il imposa Audrey et Mel, mais la passion n'était pas au rendez-vous. Dès lors le couple refuse de tourner ensemble.

Audrey est alors approchée par Robert Anderson pour tourner « Au risque de se perdre ». Très éprouvé par sa rupture avec Ingrid Bergman, puis par la mort de sa femme, Robert se lance dans une longue idylle avec Audrey. Le film est l'histoire d'une jeune fille qui abandonne sa famille pour prendre le voile sous le nom de Sœur Luke. Ce film fait émerger la seconde vocation d'Audrey pour l'engagement volontaire. Robert Anderson, scénariste et écrivain, était très cultivé et séduisant mais il était stérile et Audrey voulait des enfants. Ainsi s'achèvera leur histoire d'amour. Audrey se consacre au tournage du film après le départ de Robert. Elle se sent très concernée par la vie religieuse. Éprise d'absolu comme elle, Sœur Luke est touchée par la grâce. Elle trouve une nouvelle vie intérieure.

Le film suivant, dont Mel avait la production et la mise en scène, « Vertes demeures » est un échec sur lequel Audrey n'avait pas envie de s'attarder. Enfin, quelques mois plus tard, après une dépression due à un accident de cheval quand elle était enceinte, elle parvient à mettre au monde un garçon, Sean, dont Mel est le père. Elle aimerait bien mettre un terme à sa carrière de cinéma pour s'occuper de son fils, mais le besoin d'argent la presse.

Les films de sa jeunesse, elle les a tournés sous pression. A 21 ans, sa carrière était prometteuse. Elle décroche des petits rôles dans des films destinés à l'ABPC, L'Associated

British Pictures. Audrey n'oublie pas qu'elle est anglaise, née en Belgique. Enfin, un rôle important se présente dans un film avec Serge Reggiani. Pour la première fois, sa qualité particulière, ce mélange d'ingénuité et de franchise, est reconnu.

En 1951, tandis qu'elle tournait un film en extérieur à Monaco. Elle voit passer une femme en fauteuil roulant, poussé par un homme. C'est Colette et son mari Maurice Goudeket. Colette est alors âgée de 78 ans et cherche une comédienne pour jouer « Gigi ». Gigi est une jeune parisienne que sa mère prépare à la carrière de courtisane. Mais elle ne l'entend pas ainsi. Colette invite Audrey et l'impose à la production. Raymond Rouleau sera le metteur en scène. Auparavant, il faut jouer la pièce. Au théâtre, Audrey est une débutante, mais la pièce marchera très fort.

Audrey, éblouie, annonce ses fiançailles avec un jeune Français, James Hanson. La vie s'ouvre à elle, émerveillée. À ce moment-là parvient de la Paramount une commande pour un film, « Vacances Romaines », qui se tournera à Rome. C'est l'histoire d'une princesse qui s'échappe de sa cour pour vivre un week-end romain avec un photographe, Gregory Peck. Le bout d'essai d'Audrey est une réussite. Audrey embarque pour New York pour jouer « Gigi » au Fulton Theatre. La première est un triomphe pour l'actrice qui devient célèbre en une nuit. Pourtant Audrey manque d'assurance, le public le sent et l'acclame. « Gigi » se joue 219 soirs mais l'équipe de « Vacances romaines » attend son actrice. Le tournage Romain est un grand plaisir pour Audrey. Le mariage avec James est reporté. Il ne se fera jamais, James a cru bon de prendre des décisions pour la carrière d'Audrey, ce que celle-ci ne pardonne pas.

Une tournée avec la pièce « Gigi » entraîne l'actrice à

l'assaut des villes américaines. La tournée se termine à Hollywood, où Audrey reçoit un Oscar pour son rôle dans « Vacances romaines »

En 1953, Audrey rencontre Mel Ferrer, l'acteur. Ce dernier avait été la vedette de « Lili » un film avec Leslie Caron. Mel est en train d'obtenir son troisième divorce. Audrey se rend à Paris pour visiter le couturier Givenchy qui lui fait des costumes pour « Sabrina ».Ce film est encore une production de la Paramount. C'est l'histoire d'une famille de riches industriels. Audrey est pressentie pour le rôle-titre.

Avec Givenchy elle lie une amitié qui sera sincère jusqu'à la fin. Le tournage de « Sabrina » pose des problèmes à cause de l'alcoolisme des principaux acteurs, Bogart et William Holden. Mel Ferrer revient sur ces entrefaites. Lui et Audrey reprennent le fil de leur liaison interrompue. Audrey accepte de jouer « Ondine », un spectacle de Giraudoux, une belle histoire de sirènes. Les répétitions sont chaotiques. Mel, qui est le metteur en scène, devient de plus en plus exigeant. A la sortie, les critiques sont favorables, surtout pour « Miss Hepburn ». Celle-ci obtient des « Awards » mais Audrey n'est pas satisfaite. Elle veut être une grande actrice et fume encore trois paquets par jour. Elle a 25 ans, et subit une forte pression. Elle se jure de ne plus jamais jouer au théâtre. Mel la demande en mariage. Après un séjour en Suisse, où ils se reposent, Mel et Audrey se marient dans une chapelle privée du culte protestant. Puis le couple se rend à Amsterdam pour une signature. Ils sont bousculés par la foule et s'enfuient pour s'en échapper. Elle fait une fausse couche, elle qui a tant d'amour à donner pour un enfant.

Sa propre enfance a été tout entière dominée par son désir de danser. Elle a dix ans lorsque sa mère assiste à un spectacle dont la première ballerine est Audrey. A la déclaration de guerre, Ella, sa mère, emmène Audrey aux Pays-Bas pour vivre avec son grand-père qui vient de perdre sa femme. Les nazis font main basse sur les avoirs d'Ella, en Belgique.

Mais sa carrière de danseuse est contrariée et le maître de ballet ne l'a pas inscrite dans sa liste de danseuse à emmener en Australie. Elle se tourne alors vers les producteurs de théâtre et de cinéma pour y trouver des petits boulots. Déjà, on remarque sa fraîcheur et sa souplesse. Le public n'a d'yeux que pour elle. Son partenaire français est amoureux d'elle mais Audrey est sérieuse, elle sait qu'elle doit garder sa réputation.

Son meilleur souvenir d'enfance, c'est celui d'avoir appris la musique avec sa mère.

Audrey Hepburn est morte à 64 ans d'un cancer du côlon. Sa vie tumultueuse est racontée par Donald Spoto chez Harmony Books.

Romy Schneider

1938 – 1982

Entre deux prises de vues, la pensée de Romy se tourne immanquablement vers son fils David, son fils adoré dont elle n'arrive pas à s'expliquer la mort. Et, ce faisant, elle fait défiler sa propre vie, en un éclair et à rebours.

Elle ne peut plus se supporter. Elle boit du vin et prend des cachets de tranquillisants mais ils lui font de moins en moins d'effet. Depuis le coup de téléphone de l'hôpital, c'est l'angoisse. David est aux urgences à Saint Germain en Laye. Il a voulu escalader la grille pour rentrer chez ses « grands-parents » sans les déranger pendant leur sieste. Et il s'est empalé sur cette grille. Une pointe de fer est entrée dans son intestin, lui laissant le ventre ouvert. Cette pointe a perforé l'artère fémorale. Il s'est traîné jusqu'à la porte d'entrée. Pour aller mourir à l'hôpital. Quand Romy l'a appris, elle a hurlé à la mort, comme un chien.

Cette fois elle est parvenue au bout du tournage de « La passante du Sans-Souci ». Le scenario est écrit d'après un livre de Kessel que Romy a beaucoup aimé. Elle rêvait de faire ce film depuis des années.

Daniel Biasani l'a quittée, et elle ne peut pas se cacher que c'est sa faute. Elle l'a trompé et il s'est envolé aux États-Unis. Elle lui a envoyé un ultimatum pour qu'il revienne, mais en vain. Après avoir été son factotum, il était devenu son mari, et le père de la petite Sarah, sa fille. Il avait douze ans de moins qu'elle, mais c'était elle la plus fragile.

Il faut dire aussi qu'il lui a fait un mauvais coup. Il a écrit un scenario qu'elle a lu et présenté à Claude Sautet. Claude a voulu le tourner très vite, avec Brigitte Fossey. Il n'y avait pas de rôle pour elle. Elle s'est sentie misérable, vieille, écartée. Elle est blessée. On ne veut pas d'elle. Elle a quarante ans, est-ce que c'est une barrière ? Peut-être qu'elle ne tournera plus jamais, se dit-elle.

Elle est comme ça, Romy, éternellement anxieuse. Elle imagine toujours le pire. Depuis le suicide d'Harry, son premier mari, le pire est arrivé. Il s'est pendu sur son balcon, à Hambourg. C'était le père de David mais le garçon préférait Daniel, qui jouait avec lui comme un grand frère. Hasard ou bonnes intentions, les films qu'elle tourne ont toujours un côté sombre, ces derniers temps. « Clair de Femme », de Costa-Gavras, et, plus tard, « Fantôme d'amour » de Dino Risi. Ce sont des rôles éprouvants. Romy donne, donne, tout ce qu'elle a à donner, mais elle devient irascible, acariâtre même. C'est tout ce vin qu'elle boit, aussi, qui la rend agressive. Sur ses tournages elle emporte ses bouteilles de vin rouge, et ses tranquillisants. Daniel n'en peut plus de la voir se détruire. Elle le menace de divorce, il ne cède pas. Elle feint de croire qu'elle est abandonnée par lui.

Mais le pire c'est que c'est David qui refuse le divorce. Il est très attaché à Daniel. Il ne veut pas voir son monde s'effriter. C'est un adolescent, maintenant. Il veut habiter chez Daniel, avec sa sœur Sarah La mort dans l'âme, Romy laisse faire.

En 1978, quand elle s'apprêtait à fêter ses quarante ans, le bonheur était encore dans sa vie. Elle s'est remariée, a donné naissance à Sarah, la petite sœur de David. Une dernière fois, elle a savouré d'être enceinte. Sa grossesse calmait ses angoisses. Une fausse couche est survenue. Daniel a été très bien. Il l'a rassurée. Elle aura un autre enfant. Et la prédiction s'accomplit. La grossesse suivante s'est présentée et l'enfant, Sarah, est là. Mais Sarah est prématurée. Elle passe deux mois en couveuse, ce n'est pas drôle pour Romy qui ne peut pas allaiter.

Claude Sautet lui propose un nouveau film : « une histoire simple ». C'est celle d'un avortement. Heureusement pour elle, le bonheur est toujours là. C'est la période militante féministe de Romy.

Dans une vieille bastide, à Ramatuelle, la famille se recompose. Daniel Biasini est un bon amant, puis un bon mari. C'est un jeune homme beau et cultivé, il est entré au Service de Romy comme chauffeur mais très vite, il s'est occupé de tout. Romy ne sait pas qu'il est sa dernière chance de bonheur Elle le trompe avec Laurent Petin. Daniel est furieux.

Pas question pour autant de renoncer au cinéma. « Le

vieux fusil » de Robert Enrico, sorti en 1975, remporte un grand succès populaire. Avant cela, il y a eu « César et Rosalie » toujours de Sautet, avec Montand et Sami Frey. Elle y incarnait une femme libre mais fragile. Le film suivant, « L'important c'est d'aimer » a été une épreuve. Zulawski, le réalisateur, lui renvoie une image d'elle-même à peu près insoutenable. Alcoolique et déchirée, entre elle et Zulawski les disputes sont continuelles.

« Comme elle, je suis une femme perdue », dit Romy. Elle termine le film épuisée. Dans sa loge, elle a toujours froid. Le vin la réchauffe.

En mai 1968, elle ne savait que faire. Elle a reçu une proposition d'Alain Delon, qui lui a sauvé la mise en relançant sa carrière. Il s'agissait de tourner avec lui « La piscine », un film sensuel. Elle a trente ans, elle est au sommet de sa beauté. Le tournage doit avoir lieu près de Saint Tropez, c'est un cadeau ensoleillé. Romy ne se fait pas prier. Elle s'est rendu compte elle aussi qu'elle n'était pas faite pour la vie de famille. Les trois années qu'elle a passées à s'occuper de David ont pesé lourd. Son métier lui a manqué. Elle voulait donner à son fils ce qui lui a le plus fait défaut, à elle : l'amour de ses parents. Toute sa vie elle a souffert d'avoir été abandonnée dès l'enfance.

Delon vient de se séparer de Nathalie. Pendant le tournage, il ne peut pas manquer de voir comme Romy est resplendissante. Il siffle d'admiration dès qu'elle fait son entrée. Quand le film sort, c'est un triomphe. Grâce à « La piscine »Romy a rencontré Claude Sautet. Elle ne le lâchera plus. Il lui propose « Les choses de la vie » avec Piccoli. Elle s'entend à merveille avec celui-ci, entre deux disputes. Mais elle n'est pas heureuse. Elle ne peut pas concevoir le bonheur sans être amoureuse. Sa vie conjugale avec Harry s'est dégradée. C'était un conflit permanent. Les deux mariés ont un problème d'alcool. Leur seul point d'attache, c'est David, ce petit garçon intelligent et drôle qui aime faire rire sa mère et l'empêche de sombrer dans l'alcoolisme.

Tout en tournant « Le train » de Pierre Granier Deferre, elle se sépare de son mari et rentre à Paris. Décidément, l'Allemagne ne la comprend pas. Un an avant la naissance de David, elle avait en effet fait la connaissance d'Harry Meyen, à Berlin. Il est metteur en scène de théâtre, très cultivé, un peu pédant mais cela ne la gêne pas. Elle est séduite. Elle accepte très bien qu'il se moque d'elle, qui a commencé à travailler à 14 ans. Il cherche une « Mademoiselle Julie » pour monter la pièce de Strindberg. Son charme austère redonne à Romy le goût d'aimer, que lui avait enlevé Alain Delon. Lui a quarante ans, il en impose. C'est un intellectuel. Elle a 26 ans, et l'envie d'avoir un enfant Elle lui donnera tout l'amour dont elle a été privée, dans sa propre enfance. Elle arrête le cinéma lorsqu'elle est sûre d'être enceinte. Elle se consacre à cet enfant. Elle ne cesse de le cajoler, elle est folle de lui.

Mais Harry est marié, et l'épouse bafouée refuse le divorce. Il faudra un an de procédure et beaucoup d'argent, l'argent de Romy pour le conquérir. Qu'importe, elle veut une vie modeste, cachée, régulière. Elle ne sort plus, sauf pour aller voir son père qui est en train de mourir à Vienne. Celui-ci meurt d'un infarctus le lendemain de la visite de sa fille.

Romy est heureuse et amoureuse. Elle a un besoin d'amour immense. Comme lorsqu'elle a rencontré Alain Delon. Elle sortait d'une idylle avec l'acteur Horst Buchholz mais sa mère lui avait interdit de le revoir. Alain Delon est son partenaire à l'écran. Il a plusieurs films à son actif mais leur premier contact est glacial. Leur histoire a mal commencé, elle le juge prétentieux et mal élevé Il arrive en retard au studio, brûle les feux rouges avec sa voiture de sport. C'est en allant au Bal du cinéma, dans le train pour Bruxelles, qu'ils ressentent de l'attirance l'un pour l'autre. Romy entre à nouveau en conflit avec sa mère mais elle décide de n'en faire qu'à sa tête. Alain l'invite à sa table, au milieu du Bal. Elle s'y rend. Sa mère, Magda Schneider, la grande actrice qui lui a tout appris, entre en fureur. Romy cède encore une fois mais la révolte gronde. Pendant tout le tournage de « Christine », le film qu'ils jouent ensemble, ils ne se quittent plus. Une fois que le dernier tour de manivelle est donné, Romy suit Delon à Paris. La petite Sissi est infidèle à son pays. Le scandale éclate. Romy résiste, elle fait quelques allers-retours entre Paris et « Marien Gründ », la maison de la famille. Puis elle retourne encore à Paris et décide d'y rester.

Mais en France, c'est la « Nouvelle vague ». Le cinéma a changé. Romy n'est plus que la petite amie d'Alain Delon. Elle ne représente plus que le cinéma de Papa. Magda, en désespoir de cause, organise les fiançailles de Romy. Alain accepte mais le mariage attendra. Romy reste à la maison, le vent a tourné. Alain court d'un tournage à l'autre. Il devient une grande vedette.

C'est alors que Luchino Visconti, qui tournait « Le guépard » avec Alain, vient bouleverser la vie de Romy. Il lui propose d'être la partenaire de Delon dans une pièce élisabéthaine « Dommage qu'elle soit une putain ». Elle accepte, le succès est vif. Visconti récidive avec un sketch dans le film « Boccace 70 »C'est l'histoire, adaptée à l'écran, d'une jeune aristocrate qui décide de faire payer ses faveurs par son mari. Romy, à présent, s'habille chez Chanel, son look est transformé. Sissi est loin...

Orson Welles lui fait signe depuis les États-Unis. Elle traverse l'Atlantique et signe pour plusieurs films. Et la voilà qui retrouve son père, qui l'avait abandonnée quand elle était enfant. Elle joue un petit rôle à ses côtés. Quelle émotion ! En tête à tête avec lui, elle lui fait part de ses angoisses de petite fille seule. Non, son départ n'est pas très glorieux, dit-il mais il 'avait pas de dons pour la vie de famille.

Dès l'âge de 14 ans, elle rêvait de théâtre et les études ne l'intéressaient pas. Elle voulait être actrice comme sa mère et sa grand-mère Rosa. Elle va passer un bout d'essai au Hollywood allemand. Le metteur en scène cherche une jeune fille. Pourquoi pas Romy ? Elle prend l'avion pour Berlin. Elle sort de pension, elle ne connaît rien de la vie. Mais les bouts d'essais sont réussis. Elle est très photogénique, son visage accroche la lumière.

Elle aime aussi se sentir regardée, admirée. Elle est prête à tout pour jouer. Sa mère lui a décroché un rôle dans « Les lilas blancs ». Elle vit comme une récompense la sortie du film et son cortège d'interviews. Magda reporte sur elle toute son ambition. Elles vont tourner six films ensemble. L'histoire d'une petite princesse, Sissi, Elizabeth, Impératrice d'Autriche. Elle devient célèbre à 17 ans. Magda et son nouveau mari s'occupent de l'exploitation commerciale des produits dérivés. Des tasses, des assiettes sont vendues à l'effigie de Romy. Son Beau-père, qu'elle n'aime pas, va détourner une partie de sa fortune, un million de marks. Mais l'argent n'intéresse pas Romy. Elle a vécu toutes ses années abandonnée par ses parents. Et sa grand-mère Rosa, elle aussi, part jouer au théâtre tous les soirs. La petite pleure derrière la porte fermée. « Ne pars pas grand-mère... ».

En 1943, elle a cinq ans, le père Wolf s'envole derrière une autre jeune femme et laisse Magda seule avec deux enfants. Romy devient désobéissante, menteuse. Elle s'est confectionné un double, qui la juge. Au pensionnat se creuse encore sa détresse, cette solitude intérieure qui ne la quitte pas. Romy doit appeler son beau-père « Daddy » Il est autoritaire. Romy n'a que ses amies, Birgit et Monica. Elle se confie à elles et les emmène au cinéma.

Déjà le cinéma...

Romy Schneider est morte à l'âge de 43 ans d'une overdose d'alcool, de cachets et de solitude. Le « libretto » de Sophie Guillou nous la restitue avec toute sa souffrance. (Éditions Libretto).

Dans la même collection "*En un éclair et à rebours*"

N° 1

La vie de grands écrivains français...

...en un éclair et à rebours

Christine de Pisan 1364-1430

Descartes 1596-1650

La marquise de Sévigné 1626-1696

Voltaire 1694-1778

Madame du Châtelet 1706-1749

Germaine de Staël 1766-1817

Chateaubriand 1768-1848

Stendhal 1783-1842

Victor Hugo 1802-1885

George Sand 1804-1876

Émile Zola 1840-1902

Colette 1873-1954

Jean Cocteau 1889-1963

Jean-Paul Sartre 1905-1980

Simone de Beauvoir 1908-1986

Marguerite Duras 1914-1996

Dans la même collection *"**En un éclair et à rebours**"*

N° 2

La vie de grands écrivains anglais…

…en un éclair et à rebours

William Shakespeare 1564 – 1616

Daniel Defoe 1659 – 1731

Jonathan Swift 1667 – 1745

Jane Austen 1775 – 1817

Mary Shelley 1797 – 1851

Charles Dickens 1812 – 1870

Charlotte Brontë 1816 – 1855

George Eliot 1819 – 1880

Virginia Woolf 1882 – 1941

D.H. Lawrence 1885 – 1930

Agatha Christie 1890 – 1976

Aldous Huxley 1894 – 1963

George Orwell 1903 – 1950

Nancy Mitford 1904 – 1973

Arthur Koestler 1905 – 1983

Daphné du Maurier 1907 – 1989

Dans la même collection "*En un éclair et à rebours*"

N° 3

La vie de grands écrivains américains…

…en un éclair et à rebours

Benjamin Franklin 1706 – 11790

Judith Sargent Murray 1751 – 1820

Edgar Allan Poe 1809 – 1849

Harriet Beecher Stowe 1811 – 1896

Henry David Thoreau 1817 – 1862

Louisa May Alcott 1832 – 1888

Mark Twain 1835 – 1910

Gertrude Stein 1874 – 1946

Jack London 1876 – 1916

Ernest Hemingway 1899 – 1961

Margaret Mitchell 1900 – 1949

John Steinbeck 1902 – 1968

Anaïs Nin 1903 – 1977

Toni Morrison 1931 –

Dans la même collection *"**En un éclair et à rebours**"*

N° 4

La vie de grands peintres…

…en un éclair et à rebours

Sandro Botticelli 1447 – 1515

Artemisia Gentileschi 1593 – vers 1652

Rembrandt van Rijn 1607 – 1669

Francisco Goya 1746 – 1828

Élisabeth Vigée-Lebrun 1755 – 1842

William Turner 1775 – 1851

Rosa Bonheur 1822 – 1899

Claude Monet 1840 – 1926

Berthe Morisot 1841 – 1895

Vincent Van Gogh 1853 – 1890

Suzanne Valadon 1865 – 1938

Pablo Picasso 1881 – 1973

Marie Laurencin 1883 – 1956

Frida Kahlo 1907 – 1954

Zao Wou-Ki 1921 – 2013

Niki de Saint Phalle 1930 – 2002